採点者の心をつかむ

合格する小論文のネタ

人文・教育編

河合塾講師
中塚光之介

時間がない
受験生に
最適な1冊！

かんき出版

はじめに

疑うことは悪いこと。そう思っていませんか？

小論文を書くことにおいては、疑うことこそをしなければなりません。どれだけ「当たり前」のことを疑うことができるか。よい小論文が書けるかどうかは、そこにかかっているからです。もちろん、ここで言う「よい小論文」というのは、大学受験で合格できるレベルの小論文という意味です。

これまでみなさんが培ってきた「当たり前」＝「常識」というのは、実は空気のようなもの、と言えるかもしれません。**どこを疑っていいのか、どこから疑ったらいいのか、わからない**からです。

たとえば資源のリサイクル。環境によい活動であることを疑ったことはないかもしれません。

でも、本当にそうでしょうか？　物事には、すべて、よい面と悪い面があります。ですから、１００％よい、ということはあり得ません。

大学入試の小論文における「人文」と「教育」は、小論文のなかでも、なんだかつかみどころがないように感じる受験生が多い分野です。その証拠に、小論文用のキーワード集を暗記しても、点数のアップが難しい受験生を毎年見ています。

本書は、そんな大学入試の小論文における人文系と教育系のキーワードを扱った参考書です。しかし、暗記用のキーワード集ではありません。

ぼんやりした人文・教育というカテゴリーに、フックをつける（＝とっかかりをつける）ことを目的としています。

そのため、キーワードに対する語りの中で、批判をしたり、否定をしたり、提案をしたり、数字を挙げたり、例を示したり、時に僕自身の経験を披露したりしています。そうやって、あるテーマについて、**あなた自身の例を引っ張り出せるようにすることが目的**です。

この本を読むことは、**僕の人文系、教育系小論文の授業を聞いてもらう**ようなものです。

読んでいるうちに、人文系、教育系の用語が自然と頭に入るだけでなく、自分の体験や意見が浮かんでくるようになります。そのキーワードから具体的にイメージできることが増えていくはずです。読みながら頭によぎった自分自身のキーワードを、ぜひ本の余白にメモしながら読み進めてください。

もちろん僕の意見に賛成できないことも、反発が生まれることもあるでしょう。そのような気持ちになったときがチャンスです。**「なぜ賛成できないのか」「自分はどのような意見を持っているのか」を掘り下げて**考えていきましょう。

そうです。みなさんはこの本自体も、疑ってかからなければなりません。僕が述べていることは、近代における、疑うべき「常識」かもしれません。それを打破しなければ、この停滞した世の中を変えるヒントは見つからないでしょう。

いや、もしかすると過激な意見を述べているのかもしれません。僕の意見を「もっともだ」と思ったときには、一度立ち止まりましょう。**「本当に同調していいのか？」**と。

残念ながら、この参考書を一冊読んだだけで、スラスラ小論文が書けるようにはなりません。しかし、今の世の中でなんとなく耳にしていたキーワードが、色を持ってくるはずです。無色透明だった人文系、教育系のキーワードに何らかの色がついたとしたら、さらにそのキーワードに注目していきましょう。

本書を読むことで、これまで素通りしていたたくさんのキーワードが意味のあるものに変化していったとしたら、それは大きな前進です。自分が使える語彙に変わった、ということです。そしてその語彙、**生きた言葉で書かれた小論文は、ありきたりではないオリジナリティを持ったもの**になるでしょう。

そして、これから社会で活躍するみなさんが批判的な目で周りを見回し、物事の本質を見抜く目を持つ手助けができたとしたら、僕としてもこの本を書いた甲斐《かい》があるというものです。

それでは、「常識」を疑うレッスンを始めましょう。

２０２３年７月　中塚光之介

採点者の心をつかむ　合格する小論文のネタ［人文・教育編］　もくじ

はじめに……2
本書の特長と使い方……20

序章 人文系・教育系の小論文で問われること

人文系・教育系小論文の頻出テーマ……22

近代批判……22
自分自身についての問い……23
頻出の若者論……23
格差社会……24
高齢化社会、地域社会……25
異文化理解……27
ジェンダーギャップ……28
障害の捉え方……28

第一章 人間関係

多文化主義と文化相対主義……29
グローバリゼーション……30
移民を受け入れるか？……32
SDGs……33
教育……34
抽象的な問い……35
小さいところから、大きいところへ……37

第一章に登場するキーワード……40

1 〈アイデンティティ〉自分について考えてみよう……42
自分とは何者か……42
方言からアイデンティティを考える……43
自分は「大谷翔平」ではない？……44
絶対的な自分？　それとも相対的な自分？……46

「自分には無理」と決めつけていないか？……47

2〈コミュニケーション能力〉社会で求められているもの……50
16年連続1位……50
コミュニケーション能力って何だろう？……52
企業が求めるコミュニケーション能力とは……53

3〈SNS〉新しいコミュニケーション手段……56
SNS関連は頻出テーマ……56
約束の仕方が変わった……57
相手とつながり続けるストレス……60

4〈言語〉母語・母国語について考えよう……62
コミュニケーションにおける日本語……62
日本では教育は日本語で行われる……63
翻訳の力……65
誇るべき翻訳文化……67
生き残った漢字……68
言語で見える世界が違う……70
無意識の日本語の強要……71

第二章

日本社会

第一章に登場したキーワードのまとめ……73
関連キーワード解説……76
第二章に登場するキーワード……78
①〈18歳選挙権〉日本社会と若者の政治参加……80
和を重んじる日本人……80
個を重んじる欧米人……82
都市と地方の比較……82
突出した個性がないのはなぜか？……84
日本経済の移り変わり……85
敗戦から高度経済成長へ……85
長期低迷期へ……86
パッとしない国の「日本人スゴイ論」……88
18歳選挙権……89

② 〈少子高齢社会〉急激な少子化・高齢化が進んでいる……92
子どもが減り、高齢者が増える……92
ベビーブームはこなかった……93
少子高齢化の問題点……94
社会保障にお金がかかる……95
少子化の理由は何か？……97
少子高齢社会の未来とは……98
③ 〈格差社会〉日本でもすでに格差は拡がっている……101
中流からこぼれ落ちる人々……101
仕送りはいくら？……102
子どもの貧困も深刻……105
国際ＮＧＯが日本でも活動……106
④ 〈地域社会〉地域社会の現状と課題を考える……108
自助・共助・公助……108
重要な役割を担う共助……109
持続可能な地域はどのようにつくるか？……111

第二章に登場したキーワードのまとめ……113
関連キーワード解説……116

第三章 異文化理解

第三章に登場するキーワード……118
①〈ジェンダー〉ジェンダー差別を知る……120
ジェンダーとは何か？……120
制度が社会についていけない……121
根強いジェンダー差別……121
政治と経済でランクを落とす「ジェンダーギャップ指数」……123
②〈LGBTQ〉性と人権の関係……125
性の多様性……125
低い人権意識……127

世界に取り残される日本……128
約半数が「自殺を考えた」……128
制服が選べるように……130

3 〈体外受精・遺伝子診断・優生思想〉障害と医療について考える……131

障害は社会のなかにある……131
メガネをしている人は障害者？……132
医学の進歩は１００％「善」か？……133
「好ましい遺伝子を選ぶ」ことは正しいのか？……134
障害の可能性があったらどうするのか？……135
検査の前のカウンセリング……137
事前の説明は必須……138

4 〈多文化主義・文化相対主義〉文化に優劣はない……140

すべての文化は平等……140
広島カープは単なる球団ではない……141
豚肉とさしみ……142
イタリア人はいつも女性を口説いているのか？……143
アメリカの地方はとても保守的……145

第三章に登場したキーワードのまとめ……147
関連キーワード解説……150

第四章

グローバリゼーション

第四章に登場するキーワード……152
①〈国際化・グローバリゼーション・ナショナリズム〉進むグローバリゼーション……156
もはや国境はない？……156
グローバリゼーションとナショナリズムの相関関係……157
ワールドカップとナショナリズム……158
グローバリゼーションはアメリカナイゼーション……160
②〈外国人技能実習制度〉外国人の人権を考えよう……161
低賃金で働く技能実習生……161
人権が守られていない技能実習生……162

日本から飛び出す若者たち……164
移民に仕事を奪われる？……166
外国人への無意識の差別……166
中国と韓国への差別意識はどこから来るのか？……168
コンビニの店員は外国人……169
「言わなくてもわかる」から「言わなきゃわからない」へ……170
大切なのは、自分が合わせてみようと思うこと……172

③〈貧困・飢餓・紛争・戦争〉世界中の問題を知る……174
貧困と紛争は切っても切れない関係……174
戦争の影響を受けている……176
自分には無関係？　いいえ、関係があります……178

④〈国際化・グローバリゼーション・ナショナリズム〉進むグローバリゼーション……156
バナナを栽培する理由を知っていますか？……180
相手にとって本当に必要なことを考える……182

⑤〈SDGs（Sustainable Development Goals）〉SDGsを知っていますか？……184
環境への関連……184
主体はだれ？……184
それぞれの目標に関連性がある……185

6 〈ライフサイクルアセスメント〉モノの一生における環境負荷を評価する……186
ペットボトルのリサイクルは環境に悪い？……186
「割りばしは環境に悪い」は本当か？……187
第四章に登場したキーワードのまとめ……189
関連キーワード解説……192

第五章

教育現場・教育制度

第五章に登場するキーワード……194
1 〈ゆとり教育・PISA〉ゆとり教育と学力……198
ゆとり教育はいつ始まった？……198
PISAの結果に一喜一憂……199
学力重視なのに一般入試が減少？……201

2 〈いじめ防止対策推進法〉いじめと教育について考えよう……203

いじめの構図は時代で変わる……203
見えにくさが加速している……205
法律でのいじめの定義……205
いじめはれっきとした犯罪……206
教育とは権力に批判的なもの……208
日本学術会議の独立性の危機……209

3 〈学級崩壊〉学級崩壊と教員の対応……210

教室は「舞台」……210
学級崩壊の原因は何？……211
児童・生徒一人ひとりを見る先生……213

4 〈不登校〉不登校と学校の多様化……214

不登校は過去最多の数字……214
高校が変化している……215
さまざまな特色を持った学校が増えた……216

5 〈小学校の英語教育〉小学生から英語を始める……218
英語嫌いの小学生が増えた？……218
なぜ英語を学ぶのか？……219
大学における研究では英語は必須……220
大切なのはどうしても伝えたいという気持ち……221

6 〈アクティブ・ラーニング〉授業のあり方が変化している……223
問題解決型の授業……223

7 〈ICT教育〉パソコンやネットを利用した教育……225
コロナ禍で進んだICT教育……225
オンラインのメリットとリアルのメリット……226
オンデマンドはうまくいかない？……227
ポイントは「拘束」……229

第五章に登場したキーワードのまとめ……230

関連キーワード解説……234

第六章

教育の課題

第六章に登場するキーワード……236

①〈教育格差〉教育格差を解消するには……238
大学進学はお金がかかる……238
教育格差から経済格差へ……239
みんなが同じ授業を受ける……240
教育格差をなくす方法はない？……241

②〈指導力不足教員・教員不足〉教員の質・量について考えよう……243
だれに教わったかが重要……243
「だれでもいい」から先生になってください……244
教員不足を数字で確認しよう……245
教員の指導力不足の解消は？……247

③〈モンスターペアレント（モンペ）〉家庭と学校の連携が重要……249
モンスターペアレントの特徴……249

保護者が先生を尊敬できないのも一因？……249
モンスターペアレントにどう向き合えばいいか？……251
④〈地域と学校の連携〉地域で子どもを育てよう……252
地域でできることがある……252
元外資系ビジネスパーソンの生きた英語……253
小学校を地域のハブに……255
第六章に登場したキーワードのまとめ……256
関連キーワード解説……259
おわりに……260
参考資料……263
さくいん……270

カバーデザイン：高橋明香（おかっぱ製作所）
カバーイラスト：平松慶
本文デザイン・DTP：ホリウチミホ（ニクスインク）
本文図版・イラスト：坂木浩子（ぽるか）
編集協力：黒坂真由子

本書の特長と使い方

本書は、人文系、および教育系の学部の小論文を書くのに役立つネタ、つまり知っておくべき知識について解説しています。

一見、キーワード集のようですが、たんにキーワードを覚えることが目的ではありません。本書の最大の目的は、人文系、教育系の学問的な文脈のなかでキーワードを理解し、使えるようになることです。覚えるべきキーワードは、本文中でゴシック体（太文字）になっています。

最初から読み物として、あたかも授業を受けるかのように読むのもいいですし、知りたい分野を選んで、そこだけを読むのもいいと思います。気になるキーワードを探し、それに関する部分だけ読むのでもＯＫです。

ただし、個人的には、最初から読んで、人文系、教育系の小論文でどのようなことが問題になるかというイメージをつかんでもらいたいと思っています。

そうすることで、小論文はもちろん、志望理由書や、面接の対策としての「使える知識」が身につきます。

序章

人文系・教育系の小論文で問われること

はじめに、「人文系、教育系の大学・学部で出題される小論文ではどのようなことが問われるのか?」、つまり、
入試問題のテーマについてお話しします。
それらを知ることで、「合格する小論文を書くためには、
どんなことを考える必要があるのか?」という問いにつなげてください。
「敵」(もちろん、比喩です！)を知ることは、とても大切です。

人文系・教育系小論文の頻出テーマ

近代批判

人文系、教育系の小論文では、どのようなことが問われるのでしょうか？　まずは、全体の「地図」、つまり、人文系、教育系小論文で問われるテーマを概観しておきましょう。このような分野の話が多い、ということを知るだけで周囲にある問題にアンテナを張ることができるようになります。

「はじめに」でお話ししたように、大きなテーマは**近代批判**です。ちなみに国語における現代文という科目は、ある種、近代批判の文章の集積でもあります。**近代につくられたものが、本当に正しかったのか**と、問い直しをしている文章が多いからです。ですから、現代文の授業は小論文のよいトレーニングになります。

自分自身についての問い

具体的に見ていきましょう。まず、問われるのがみなさんに近しい問題です。その中でテーマになりやすいのが**コミュニケーション**です。とくに、世代間ギャップに関する内容が多いと言えるでしょう。

たとえば「SNSでのコミュニケーション」を年配者が論じた文章を読んで考えるという問題は、よく出題されます。自分（若い年代）では当たり前になっている「若い人たちのコミュニケーション」を、俯瞰《ふかん》して論じることができるかが問われます。

「日本人のコミュニケーション」に関する問題では、相手に忖度《そんたく》する（＝同調する）話し方や態度などが話題となります。

共通するのは、**「おじさんおばさんはこんな風に思っているけれど、あなたはどうですか？」**という文章が、人文系、教育系では多く見られることです。

頻出の若者論

若者論は頻出です。日本国内における比較はもちろん、日本と海外の若者との比較もテーマになります。

若者論から発展し、「日本人とは何か？」という**日本人論**につながるケースもあります。日本人は和を重んじる文化の中で、**周りの人と調和して活動**することを大切にする。一方欧米人は、自由を重んじる個人主義の文化の中で、**自己主張が重んじられる**という対比が一般的です。そのことをふまえて考えてもいいですし、そうではない面もあると考えるのもいいでしょう。

格差社会

結論から言えば、日本はすでに**格差社会**です。しかし、それが見えにくい社会でもあります。

僕が子どもの頃は、貧困世帯の子は見た目でわかりました。破れた服や汚れた服を着ていることが多かったからです。しかし、今はわかりません。年収が1億円の人も、年収が100万円の人も、ユニクロなどに代表される、いわゆるファストファッションブランドの服を着ているからです。

もちろん、ファストファッションだけが要因ではありませんが、貧困世帯が見えにくくなっていることは事実です。

このような経済格差は、教育格差へとつながります。大学に行けない。大学に行っても学費のためにバイトをしなければならない。学びたくても、まともに学べない学生がたくさんいます。そして、そのことが、可視化されない。格差があるのに、それが見えないのが現在の日本の格差社会です。

高齢化社会、地域社会

高齢化社会、**地域社会**は頻出テーマです。なぜか？　それは、みなさんの世代が直面する（すでにしています）、**解決が難しい問題**だからです。とくに高齢化は、みなさんの世代にとって、とても大きな問題になるでしょう。ちなみに、高齢化社会は、高齢化率によって以下のように定義されています。

- 高齢化社会：高齢化率7％超
- 高齢社会　：高齢化率14％超
- 超高齢社会：高齢化率21％超

現在の日本は、超高齢社会です。超高齢社会は、２０７０年になっても続きます。

しかも、高齢化率はさらに上がる見込みです。

また、人口減もすでに問題となっています（高齢化に加え、**少子化**も深刻です。2022年の出生数は、80万人を切りました。国が想定していたよりも11年も早く少子化が進行しています）。

もしかすると、8000万〜9000万人ほどの人口で、安定するかもしれません。しかし、そうなる前に労働力が足りなくなり、「移民を入れるか」という議論も本格化するでしょう。**移民**というテーマは、**日本人論**や**異文化理解**の話とつながります。

人口が減ると税収が減ります。結果、社会インフラが劣化していきます。現在すでに、そうなりつつありますね。道に穴が空いてもそのまま。水道管が破裂したまま。そんなことが起こり得るのです。警察官の人数が少なくなれば、犯罪が増えるかもしれません。そういうことが当たり前の社会になったら私たちの暮らしはどうなるでしょうか？　国任せ、行政任せでは安心して暮らせなくなるかもしれません。自分たちで地域をつくる。自分たちで地域を守る。「**自助・共助・公助**」の「**共助**」の部分がクローズアップされるようになるかもしれません。

異文化理解

異文化理解という言葉は、とても広い意味を持ちます。

一般的には、自分が育った国、住んでいる国以外の文化を知ること、と理解されていることが多いかと思います。しかし、それだけが異文化理解ではありません。

たとえば、教室における僕と生徒のみなさんの会話は、異文化の会話です。僕は教師、みなさんは生徒。つまり、**属性（ここでは役割）が違う**からです。ほかにも、**ジェンダーの違い、都市と地方の違い、障害の有無、経済的基盤の違いなどもすべて異文化**と捉えることができます。

よい小論文を書くためには、異文化理解が必要です。なぜなら、他者と問題意識を共有する、一緒に考えようとするなど、大学での学びは、自分とは異なる人や文化などの違いを学ぶことでもあるからです。教授、先輩、研究者、そして学生が一緒になって、今起こっている、これから起こり得る問題の解決策を考えていくのが大学という場所でもあります。

他者と「問題意識を共有する」という視点を持つと、読む人（採点する人、つまり大学の先生）に伝わる文章が書けるのです。

ジェンダーギャップ

ジェンダー、**ＬＧＢＴＱ**、**障害**、**外国人**もテーマになります。くわしくは第三章と第四章でお話ししますので、ここでは概要をおさえてください。

まずは**ジェンダーギャップ**について。あえて極端な言い方をします。日本は「女性差別」の国、と言われても反論できない数字があります。世界各国の男女格差を示す「ジェンダーギャップ指数（２０２２）」です。この指数は、日本は１４６カ国中１１６位です。つまり指数上では、**男女格差がとても大きい国**、なのです。主要７カ国（Ｇ７）では最下位。格差について、本気の議論がさらに必要でしょう。

「差別されている」と思いたくないがために、出世できないのも、給料が低いのも「仕方がない」。受け入れて「ない」ことにしてしまう。そんな状態にあると思います。

障害の捉え方

障害の捉え方は、以前と変わりつつあります。

その人が持つ障害に注目するのではなく、**障害のある人が持っているその他の能力や、全体的な生きる力に注目する**ようになっています。

障害はその人の一部であり、すべてではありません。障害を持つ人、その人を全体として見る。このような考え方が一般的になりつつあるのです。

多文化主義と文化相対主義

多文化主義（マルチ・カルチュラリズム）は、**異なる文化を尊重し、その異なる文化を持つ人たちと共存していこうという考え方**です。

たとえば、カナダ。カナダの公用語は、英語とフランス語です。英語の文化もフランス語の文化も尊重される社会。多文化主義の国、と言えるでしょう。

文化相対主義というのは、**「すべての文化は平等」**という考え方です。

西洋の文化と日本の文化を比べた際、日本の文化が劣っているということはありません。日本文化に比べて、オーストラリアの文化が劣っているということもあり得ません。文化に優劣はないからです。あるのは違いだけです。

日本にはたくさんの外国人が暮らしています。しかし、**多文化主義という考え方を意識している日本の人々は決して多くない**ように感じます。

郷に入《い》っては郷に従え、日本に来たら日本のしきたりに従うのが当然、日本文化を尊重するのが当然と、意識的にも無意識的にも思っている人が多いのではないでしょうか。この意識を変えないと、日本に住む外国人は住みにくさ、息苦しさを感じます。また、異なる文化を尊重できないがゆえの問題も起こるでしょう。

グローバリゼーション

すでにグローバルな世界で生きているみなさんにとっては、逆に問題意識を持ちにくい部分かもしれません。多くの国々で、ディズニーアニメは観られています。ロシア軍によるウクライナ軍事侵攻後、アメリカの大手ハンバーガーチェーンであるマクドナルドがロシアから撤退しました。そのニュースを見たとき、僕は、「マクドナルドはロシアに８００店以上もあるのか」と驚きました。ちなみに、エジプトのギザのスフィンクスの前には、こちらもアメリカの企業が運営するケンタッキー・フライド・チキンの店があります。

グローバリゼーションは、単純化すると「アメリカナイゼーション」です。つまり、アメリカ化です（この点については、第四章でくわしくお話しします）。

僕と読者のみなさんでは、年齢が30歳以上離れていると思います。

僕が小学生の頃、広島市内にマクドナルドは1店しかありませんでした（おそらく）。パスタも「マ・マー」という日清製粉（当時）のものしかなかった。お店に並んでいるパンも、ほぼ山崎製パンのものです。

僕が高校3年生のとき、広島の「天満屋《てんまや》」というデパートの地下に「ポンパドウル」というパン屋さんができました。そこでフランスパンを買うのが、かっこよすぎて。赤い袋に、フランスパンが入っているんです。見えるように持ったりして。たいして食べもしないのに「お母さん、これ買ってきたよ」って。

実は、グローバリゼーションが進んだのはここ数十年のことです。みなさんが、100円均一ショップ、いわゆる「100均」で買っている商品はどこでつくられているでしょうか？　今、みなさんが着ている服はどこでつくられたでしょうか？　**身**

近なものから、グローバリゼーションを感じることができるはずです。

移民を受け入れるか？

外国人労働者や**移民**、また、**技能実習生**も重要なテーマです。

日本が移民を認めない理由の根底にあるのは、**「戸籍制度」という考え方**です。これは論理ではなくあくまで考え方、つまり、思想だと思います。

日本では、カップルが結婚して「籍を入れる」のか、それとも事実婚のような状況のまま「籍を入れない」のかが大きな問題になります。しかし、この「籍」の問題が、世界共通ではないことは知っておきましょう。

結婚した男女の夫婦が一緒に暮らしているケースは、日本では「当たり前」とされます。しかし、たとえばフランスなどでは、マジョリティ（多数派）ではありません。もしかするとマイノリティ（少数派）という可能性もあります。このように移民問題から、戸籍や結婚観に話がつながります。

このような話題を**人権**とからめて考えると、人文系の小論文らしくなります。

SDGs

持続可能な社会は、現在最も「旬」なテーマかもしれません。つまり、**SDGs**（持続可能な開発目標）ですね。持続可能な社会をめざそう！　と言われれば、それ自体に反論するのは難しいでしょう。しかし、たんに賛成というのではなく、やはり**疑いを持った目を向ける**ことが必要です。

あくまで僕個人の意見です。SDGsはちょっとインチキ臭くなってきたな、と感じます。SDGsを隠《かく》れ蓑《みの》にして、持続可能に反することが行われているからです。

実は似たようなことがかつてありました。「スローフード」ブームです。1980年代にイタリアの地方で始まった「食生活や食文化を根本から考えていこうという活動」です（『デジタル大辞泉』［小学館］より）。「食とそれを取り巻くシステムをより良いものにするための世界的な草の根運動」（日本スローフード協会ホームページより）です。

これに便乗したのが、アメリカのウォルマートという巨大スーパー。「スローフードを提供します」という名目で始めました。大量生産、大量消費をしながらでも、「スローフード」を提供することができるとうそぶいたわけです。

たとえば、生産者を特定できる有機野菜を使った商品を売り、この売り方が「スローフード」だとしました。

しかし、本来の「スローフード」は、「仲間のためにつくる」「仲間から買いたい」がコンセプトです。生産者が特定できることは重要ですが、それがスローフードかといえば、「?」がつきます。「スローフードの上っ面だけを利用した」と言われても仕方ないかもしれません。

物事には100%よい、ということはありません。利益を得ている人がいれば、不利益を被っている人がいます。また、制度の矛盾に陥っているポイントがあります。「完璧」な目標に見えるSDGsも例外ではありません。よい小論文を書くための視点としてとても重要です。

教育

教育関連は、多様なキーワードについて解説しています。

ゆとり教育、学力低下、いじめ、学級崩壊、不登校、小学校の英語教育、アクティブ・ラーニング、ICT教育、大学入試改革、PISA、教育格差、指導力不足教員の問題、家庭や地域社会との連携、モンスターペアレントなど。

教育の問題は、つい最近までみなさんご自身が経験してきた問題です。そういう意味で、きっとよい具体例や経験談が出せるのではないかと思います。

教育については第五章、第六章でくわしく扱います。キーワードの説明から考え方や具体例までていねいにお話しするつもりです。

抽象的な問い

以前、ある大学で次のような問題が出題されました。

「壁について1000字で書け」

僕の授業で、100人ぐらいの生徒に書いてもらいました。70人くらいが、「私の壁は受験だ」と書きました。何が言いたいかというと、7割の人が発想することを書いていては、合格できる「よい小論文」とは言えないということです。

このような問題は、一瞬すごく簡単に感じます。すぐに書けそうと思うはずです。ですが、実は難問です。「壁＝受験」と思いついたときに、「ん？　自分がすぐに思いつくってことは、みんなも思いついているはず」と、**一度立ち止まって考え直せるかが勝負**です。

たとえば、壁を再定義します。

本当は壁などなかったのに「あえて自分で壁をつくっていた」経験などを語れるといいかもしれません。「自分でつくった壁に押しつぶされていた」「それに気づいたときに乗り越えられた」など、**自分の経験をふまえて書く**ことができるでしょう。その結果、人とは違った小論文、つまり合格できる「よい小論文」になります。

要するに**「内省」**です。自分を問うことができるかどうか。一見簡単そうな問題には、疑ってかかるための時間が必要なのです。その意味では超難問ですよね。

小さいところから、大きいところへ

ここまでが、人文系、教育系小論文で扱うテーマの全体像です。簡単に言えば、**「小さいところから、大きいところへ」**。キーワードとして範囲の狭いテーマを、いかに広げて語ることができるか。それを広げるためのベースとなる思想や考え方を示せるか。これがよい小論文を書くためのポイントです。

また、よい小論文を書くための最も基本的な土台は、**人権、人間関係、当事者の気持ちなどを重視する**、ということです。

たとえば「日本社会が移民を受け入れない」という問題に対して、社会科学系では法律や制度に重きを置いて論じます。しかし人文系では、ブラックな職場で働かされている個人の「人権・日本人との関係」に重きを置くイメージです。

いかにキーワードから大きく話を広げることができるか。そんなことを考えながら、それぞれの項目に目を通してください。

人文系、教育系の
小論文で
問われることは
理解したかな?
ハイ!

第一章

人間関係

自分自身について、
自分とその周りの人々との関係、
これらは小論文入試で頻出のテーマです。
日常生活のなにげない、
当たり前の事象について、
あえて考え直してみることが要求されます。

第一章に登場するキーワード

アイデンティティ

「自分とは何者かを自覚する」ということ。「自己同一性」と訳され、「自分らしさ」「主体性」と説明されることも。社会心理学上の概念としては、自己の確立や価値観の獲得などが挙げられる。自分とは何か、いかに生きるべきかについて考える際に使われる用語。「アイデンティティクライシス」は、自分は何者かと疑問を感じ、社会で生きる意味を失ったり、生きていけるか不安になったりすること。

コミュニケーション能力

社会において、周囲の人とスムーズに意思疎通を行う能力。言葉だけでなく、表情やジェスチャーも含まれる。たんに情報の伝達能力を言うのではなく、お互いの気持ちがわかり合えるかどうか、相手を理解できるかということも含む。

SNS(Social Networking Service・ソーシャル ネットワーキング サービス)

インターネット上でコミュニケーションを行うためのサービス。LINE、Instagram、Twitter、Facebookなど。紹介制や承認制で、閉じられた形でコミュニティをつくるものがある一方、外への発信に特化しているものもある。また、お知らせや日常生活を投稿する掲示型、相手との連絡を取るために使われる連絡型など、サービスによって使われ方は大きく異なる。

言語

自国ではない土地を支配し、植民地とするために、自分たちの言語の強制が長い間行われてきた。フィリピンにおける英語使用、アフリカ諸国におけるフランス語使用、韓国・台湾における日本語使用などがその例。言語の強制は、その土地の文化、歴史、宗教などにとどまらず、強制された言語を使って生きている人々の生活そのものを破壊することになる。

1 〈アイデンティティ〉自分について考えてみよう

自分とは何者か

アイデンティティは「自己同一性」と訳されます。これは「自分とは何者かを自覚する」ということです。「自分らしさ」「主体性」と説明されることもあります。

「自分とは何者か」と悩む人は少なくありません。国籍はその一つの例です。

多くの日本人は、「自分とは何者か」とはあまり考えないかもしれません。なぜなら、日本に生まれ、日本人として生きているからです。

しかし、**日本で育った外国籍の人、両親の国籍が違う人、国籍を選ばなくてはならない人**などは、この悩みに直面します。

たとえば、プロテニスプレーヤーの大坂なおみ選手。
母親は日本人、父親はハイチ共和国出身でアメリカ国籍を持っています。生まれは日本。3歳からアメリカで育ち、コミュニケーションは英語を用います。22歳の誕生日を前に日本国籍取得の手続きを行い、日本人プレーヤーとして国際試合に参加しています。国籍を選択するのに悩んだこともあったのではないでしょうか。

「国籍」「言語」「住んでいる国」が同じであれば、「〇〇人」としてのアイデンティティに疑問を持たずに生きていくことができます。しかし、それらに違いがあったらどうでしょう。「自分とは何者か」と悩んだり、**選択や決断を迫られたりする人もいる**のです。

方言からアイデンティティを考える

「日本で生まれた日本人だから、その方向性で小論文は書けない」と思った人もいるかと思います。ちょっとずらして考えてみましょう。

たとえば僕は、大阪生まれの広島育ちです。

父母も大阪出身なので、大阪弁の「ネイティブ」と言うことができます。ふだんの家族での会話は当然大阪弁。このような環境だったので、僕が子どもの頃に話していた方言は、家では大阪弁、学校では広島弁でした。そのため、友だちが家に遊びに来ると困りました。すごくしゃべりにくい。

広島では一人称、つまり自分のことを「わし」と言います。ですから友だちと話すときは「わし」を使います。

しかし、親と話すときは「オレ」を使う。友だちと話す広島弁に、母親がついてこられなくて「何を話しているの？」という雰囲気になることもしばしばでした。「わし」と言っている自分。「オレ」と言っている自分。「僕」と言っている自分。みんな違う「自分」。そんなことを、子どもの頃に感じました。これも、アイデンティティの話なんですよ。

自分は「大谷翔平」ではない？

「自分探し」も、**アイデンティティ**に関する言葉です。確固たる自分、「強烈な個性がどこかにあるのではないか？」と探そうとすることです。

「自分とは何者か」と考えたとき、**「固有の自分があるはずだ」**と多くの人が思っています。それは生まれ持ったものだけではなく、育っていくなかで獲得するものもあります。それも含めた「唯一無二の自分」がいるのではないかと考えるわけです。

しかし、15、16歳にもなってくると、「そんなものないのかな……」と気づいてしまう。自分がメジャーリーガーの大谷翔平選手だったら、確固たる自分を持っていると胸を張って言えるかもしれません。

しかし、僕らは大谷選手ではありません。とくに何かがずば抜けてできるわけでありませんし、いばれるようなこともない。人より足がちょっと速いとか、ちょっと成績がいいとか、すぐに追い越されてしまうような、そんな小さなリードしかありません。そのため、そこに**しがみついていると、一気に自分を失ってしまう**ことになります。

絶対的な自分？　それとも相対的な自分？

そうなると「自分というのは、何者なんだろう？」という問いが浮かんできます。同時に不安に襲われます。これは**アイデンティティ**の危機（アイデンティティクライシス）です。

この不安に対する答えは人それぞれです。結論の一つは、「唯一無二の自分などは存在しない」です。**変わらない自分だけの個性などない**、ということです。ちなみにこれは、「縁起」という仏教的な考え方です。自分は人間関係の中で、その時点において生まれていくものだ、という捉え方です。

「仏教なんて、よくわからない」と思うかもしれません。しかし、みなさんはそのような関係性の中を生きています。

親子関係の中での自分。学校での自分。そして部活での自分。子ども、生徒、チームメンバーなど、みんな違う自分ですよね。

僕自身、みなさんの前では「講師」としての自分を生きています。家に帰れば「夫」

であり「父親」です。親の前では「息子」でもあります。そして親から見れば、40年前に少年だった息子が、今はおじさんになっているわけです。同じ「息子」であっても、変化し続けている。時間とともに変わらない「息子」がいないように、変わらない「自分」などどこにもいません。

「自分」というのは、ガチガチに固まって変わらない固体ではありません。**相手との関係性によって、どのようにも形を変える液体のようなもの**です。

自分は変わり続けている。相手との関係性においても変化している。自分探しに疲れた人は、そんなことに気づくことができると、その旅を終わらせることができるはずです。

社会の中で相対的な自分が存在する。このことに気づくことこそが、もしかすると、「大人になる」ということなのかもしれません。

「自分には無理」と決めつけていないか？

自己評価も**アイデンティティ**のテーマの一つです。

僕は30年予備校で教えていますが、最近、強く感じることがあります。それは、生徒のみなさんの自己評価の低さです。僕がほめたり、勧めたりすると、「いや、自分、そんなんじゃないですから」という反応がすごく多いのです。

たとえば、「東大受けてみたら?」と言っても、「東大? それはちょっと」と返ってくる。なるべく埋もれて生きていきたい。目立たないほうが安全。意識高い系はかっこ悪い。そのような思いがあるのかもしれません。

東大をねらえる学力を持っている受験生が、最近は「早稲田でいいです」と言うことも多いのです。もちろん、早稲田大学は僕の母校でもありますし、とてもいい大学であることは間違いありません。自分自身でさまざま検討した結果、「やっぱり早稲田大学!」と決めたならば、僕がその決定に口をはさむ余地はありません。しかし、そこまで考えていないような感じなので、「挑戦してみたら?」と東大受験を勧めてみました。そこで返ってきた言葉が、「いや、自分はそこまでじゃないんで」でした。

もちろん、東大に行くことだけが人生ではありませんし、東大に入ることがゴールではありません。むしろスタートです。大学に入ってから何をするかがとても重要です（これは、総合型選抜、学校推薦型選抜を受験しようとしているみなさんに、最も持ってほしい視点です）。僕が言いたいのは、**可能性があるならチャレンジしてみては？**　ということです。

自己評価（もしくは自己肯定感）が低いと、何かに挑戦してみようというステップは踏みにくくなります。できるだけセーフティに、という気持ちも生まれます。それはそれで間違いではありません。

しかし、アイデンティティという側面から見ると、**「確固とした自分」を確立することを恐れているように**も見えます。自分自身を確立することに意味を見出していないのか。その答えはみなさんの中にあるはずです。

2 〈コミュニケーション能力〉社会で求められているもの

16年連続1位

企業が求めている人材の能力は、英語力や資格などの具体的なスキルだと思っている方も多いかもしれません。しかし、企業が学生に最も求めている力は、**コミュニケーション能力**です。

日本経済団体連合会（経団連）が1997年から行っていた「新卒採用に関するアンケート調査」。ここに「選考にあたって特に重視した点」という項目があります。2018年の調査結果では、**16年連続で1位は「コミュニケーション能力」**です。それに続くのが「主体性」「チャレンジ精神」「協調性」「誠実性」となっています。

大学生は、英語力が重要と「思い込んで」います。しかし、採用する企業側は英語力を重視しているわけではありません。もちろん、入社時から英語が話せるに越したことはないでしょう。しかし、企業側は、「入社して外国に赴任すれば話せるようになるから」と、入社後に身につければよいスキルと考えているのです。このように、**学生が就職に必要と考えているスキルと、企業が学生に求めているスキルとの間にズレがある**のです。

では、このコミュニケーション能力というのは何でしょうか？

話が上手？　明るく話せる？　よくよく考えてみると結構あいまいです。実は、コミュニケーション能力が示す範囲は広く、それ自体、明確に定義されているわけではありません。

コミュニケーション能力という単語は、「あの人にはコミュニケーション能力がある」「あの人にはコミュニケーション能力がない」という使い方をしますが、あいまいな意味のまま使っていることが多いものです。

コミュニケーション能力って何だろう？

一般的に、「明るくて元気な人は、コミュニケーション能力が高い」と捉えられているでしょう。しかし、本当にそうでしょうか？　ここで当たり前のことを疑って考えてみましょう。

「明るくて元気」と「コミュニケーション能力が高い」は本当にイコールなのか。おとなしくて自分の主張はしないけれど人々の潤滑油になっている人は、**コミュニケーション能力**が低いのか。話し上手と聞き上手、コミュニケーション能力が高いのはどちらなのか。みんなが当たり前と思っていることは、本当に正しいのか。**当たり前と思われていることに対して「それは本当か？」**と考えていく。そうすると、この問いに答えるきっかけがつかめるようになります。

試しに「明るくて元気な人は、コミュニケーション能力が高い」という「常識」を考えてみましょう。たしかにそんな気もしますが、何事も１００％はあり得ません。

つまり、明るくて元気な人は話しやすくてコミュニケーション能力が高いと思う人もいれば、「ちょっとうるさくて話がしにくい」と思う人もいます。ということは、**コミュニケーション能力がある、ない、の判断は、「受け手」の受け止め方によって変わる**、という可能性があります。

この流れから、「みんなはどんなコミュニケーションを面白いと感じているのだろう」と、まずは自分自身に問いかけて、考えてみましょう。

企業が求めるコミュニケーション能力とは

次に、企業が求める**コミュニケーション能力**に限定して考えてみましょう。テーマや問いが大きいときは、あえてその範囲を狭めて考えてみるのが有効です。

今の企業で求められているコミュニケーション能力とは、ざっくり言うと、**「グループで何かを成し遂げる力」「みんなで課題を解決する力」**です（もちろん、企業の風土や職種によって違うので言い切ることはできないことは付言しておきます）。

グループで立てた目標を達成するために、リーダーシップを発揮できる人も求められています。このような能力を、コミュニケーション能力と見る傾向があります。

「リーダーシップ論」として語られることがあります。

世界的なＩＴ企業のApple。創業者の一人はスティーブ・ジョブズです。20世紀型のグイグイ引っ張っていくリーダー像を体現した一人です。

しかし、先ほどもお伝えしたようにリーダー像は、企業の風土や企業の成熟度によっても変わります。ベンチャー企業やスタートアップ企業などの、新興企業が事業を始めて間もない時期には、ジョブズのような**グイグイ型のリーダーが必要**でしょう。

しかし、ベンチャー企業などは最初期から少しずつ成熟度が増します。順調に事業が成長し、安定期に入ると、**調整型のリーダーが力を発揮する**ケースがあります。

会社が大きくなると社員が増え、問題が複雑になり、一人でカバーできる分野が狭くなります。いろいろな能力を持つ人々を調整することがリーダーの仕事になってくるため、そこにコミュニケーション能力が求められてきます。

また、現在のような知識集約型の社会では、**調整型のリーダーが必要とされる**場面が増えます。そこではコミュニケーション能力が必須となります。

このように、リーダー論であっても、どんなリーダーがよいリーダーか、とは一概には言えません。

コミュニケーションに関しても、リーダーシップに関しても、一般的に考えられていることが本当かどうか？　と疑う姿勢が大切なのです。

3 〈SNS〉新しいコミュニケーション手段

SNS関連は頻出テーマ

SNSにおけるコミュニケーションの問題は、かなりの頻度で出題されます。現代の若者のコミュニケーションに関する文章を読み、それに対して論じる形式です。

小論文の課題文の筆者（大抵の場合年配者）は一歩離れた立場から論じていますが、答えるみなさんはその渦中にあります。自分にとても近い問題を論じることになるわけです。

もしかするとみなさんにとっては当たり前すぎて、問題意識を持ったことがないかもしれません。この機会に一度立ち止まって考えておきましょう。

SNSのコミュニケーションには、**掲示型**と**連絡型**があります。

たとえばInstagramは掲示型、LINEは連絡型です。

連絡型のLINEについて考えてみましょう。LINEによって、連絡の仕方は大きく変わりました。何が変わったのでしょうか？

まずスピードです。**連絡にかかる時間が劇的に短く**なりました。また、メールなどと比べると、**少ない情報を何度もやり取りする**ようになりました。

その変化は、コミュニケーションの質を変えました。また、もしかすると、みなさんが持っている言語感覚も変化したかもしれません。

では、どんな変化があったのか、もう少し具体的に見てみましょう。

約束の仕方が変わった

たとえば、約束と待ち合わせの方法が変わりました。

LINEが登場する前はこんな感じでした。

「3月2日、土曜日の14時から、渋谷の○○でイベントがあるから、ハチ公前で13時に待ち合わせをしよう」

それが、以下のように変化しました。

「水曜日どう？」
「いいよ。何時？」
「午後から」
「わかった。じゃあ、朝LINEするわ」

LINEにあまりなじみのない世代からすると、へ〜、そんな風に（こんなにざっくりとしたやり取りで）約束するんだ、という感想を持ちます。しかし、みなさんにとっては当たり前ですよね。

また、待ち合わせ当日の様子も変わりました。

たとえば、13時の約束。

家を出て駅に着いたら、なんと、電車が遅延していることがわかりました。

しかし、連絡は簡単です。


「ごめん、電車が遅れてる。（待ち合わせ時間に）**遅れそう」**

「どれぐらい？」

「10分」

「了解」


これでOKです。

LINEはおろか、携帯電話がない時代は大変でした。待ち合わせ時間に約束した相手が来ないと、「何かあった？」「もしかして約束を破られた？」と、いろいろ考えてしまいました。

しかし今は、事情がすぐにわかり、変更後の時間もすぐに「合意」できます。遅れている人も待っている人も、焦ったりイライラしたりしません。また、相手と会えないかもしれないという不安はありません。

相手とつながり続けるストレス

すべての物事には、メリットとデメリットがあります。**メリットとデメリットは必ずセット**です。

では、**SNS**のデメリットとは何でしょうか？　おそらく、使っているみなさんが強く実感しているでしょう。

ＳＮＳのデメリットは、一言で言えば、つながり続けることによって生じるストレスです。**コミュニケーションが増えすぎたことによるストレス**、と言い換えることができるかもしれません。

だれとも話さず、一人でボーッとする時間。

ボーッとしているけど、実はいろいろ考えていて、頭の中を整理している時間。だれとも話さず頭を空にする。空にすることで整えることができたりする。つまり、このような時間を取ることで、人間関係のストレスが解消できたりします。

しかし、**SNSでつながり続けていては、「一人の時間」は取れません。**物理的に一人でも、常にだれかとつながり続けることで一人になれないのです。

「既読」表示の機能によって、自分のメッセージを相手が見たかどうかがわかります。相手が読んだかどうかが気になり、メッセージを送った後も何度もスマホを見てしまう。きっとみなさんも経験があると思います。

「既読無視」

「既読スルー」

「既読をつけずに読む」

このように「既読」がメッセージの発信側・受信側両方にとって、「最重要事項」になると同時に、ストレスになっているのです。やり取りがやめられない、自分からはやめられないという悩みも生じています。

会えない不安がなくなった代わりに、離れられなくなった。それがSNSのコミュニケーションで生じた一つの現象なのです。

4 〈言語〉母語・母国語について考えよう

コミュニケーションにおける日本語

「日本に住んでいると日本語しか使わなくてすむ」というお話です。日本語だけで生きていけるということですね。これはどういうことか。

たとえばフィリピン。フィリピンでは基本的に、小学校から教育は英語で行われます。**公用語**はフィリピノ語と英語です。アメリカの植民地政策の際に英語が公用語として使われるようになりました。その理由は、国内にさまざまな言語（１８０言語以上）があること、と言われています。

日本では教育は日本語で行われる

高等教育が**母語**である日本語で受けられるというのは、大きな利点です。一般的に、**深い思考は母語でなければ行うことができない**、と言われています。

フィリピン人が自国で高等教育を受けるためには、母語にない言葉を、英語で理解する必要があるわけです。母語で大学の講義を受けることができるという環境は、とても恵まれているのです。

日本語だけの生活で困らないのは、日本人の人口が多いから、というのも理由の一つです。

UNFPAの「世界人口白書2022」によると、日本の人口は1億2500万人強で世界11位。日本語を話している人がそもそも多いのです。

また、日本語のウェブサイトも英語ほどではありませんが、かなりの数があります。「Usage statistics of content languages for websites」によると、ウェブサイトで使われている言語の6位に日本語が入っています（２０２３年現在）。

現実世界でも、ネット上でも、私たちは**十分な数の日本語の情報にアクセスできている**という感覚を持っているでしょう。そのため、**それだけでなんとかなってしまう**のです。

もちろん、マイナス面もあります。

先の調査によると、全体の55・6％（２０２３年4月23日現在）は英語のサイトです。つまり**英語ができなければ、ウェブ上の半分以上の情報を取ることができない**のです。

世界で起こっているさまざまなできごとについて、日本語だけではリアルな情報にタイミングよくアクセスするのは難しいはずです。英語を日本語に翻訳することで手間やタイムラグが生じるからです。さらにそれらを報道する日本メディアのフィルターがかかってしまいます。

日本語のテーマにおいても、正の側面、負の側面、両方をしっかり考えることが大切です。

翻訳の力

日本語が高等教育までカバーできるようになったのは、偉大な先人の力によります。

西田幾多郎《きたろう》、西周《にしあまね》、福沢諭吉など、明治時代の知識人が、**英単語を日本語に翻訳してくれたから**です。つまりそれは、言葉を概念化して持ってきて、使えるようにしたということです。

日本は、古代から漢文を日本語に変換してきました。それを明治時代には、英語で行ったわけです。

『福翁自伝』には、competition を日本語に置き換えたときの苦労が述べられています。幕府の御勘定方の役人に経済書の目録（目次）の**翻訳**を見せたときの逸話です。

早速翻訳する中に、コンペチションという原語に出あい、色々考えた末、競争という訳字を造り出してこれに当てはめ、前後二十条ばかりの目録を翻訳してこれを見せた所が、その人がこれを見てしきりに感心していたようだが、「いやここに争《あらそい》という字がある、どうもこれが穏やかでない、どんな事であるか。（中略）これではどうも御老中方へ御覧に入れることが出来ない」と、妙な事をいうその様子を見るに、経済書中に人間互いに相譲るとかいうような文字が見たいのであろう。

＊表記は変更

結局福沢は、「競争の文字を真黒に消して目録書を渡した」と記しています。

この頃の日本に「競争」という概念がなかったことも驚きですが、「争」という字そのものが「穏やかでない」と嫌がられたことがわかります。

今私たちが「競争」という熟語からある概念を得て、それを使うことができるのは、このような先人の努力のおかげなのです。

誇るべき翻訳文化

日本では日本語で書かれた本が多くあります。それだけでなく、海外作品も数多く翻訳されています。

日本の翻訳文化は、世界に誇ることができます。なぜなら、**母国語の翻訳を出版せずに英語の翻訳で代用する国が多い**からです。

海外文学が**母国語**で読めるというのは、実はとても貴重な環境なのです。ある韓国の友人は「日本語がわかるようになったから、たくさん本が読めてうれしい」と言っていました。韓国にはない本が、翻訳本も含めて日本にはあふれているからです。

また、日本語の継続性も特筆すべきところです。

『源氏物語』のように1000年以上前に記された文学を、私たちは今も大切にしています。夏目漱石のように100年以上読まれ続けている作家もいます。

植民地として長い期間支配されなかったので、言葉が奪われることもありませんでした。日本語はなんとか生き残りました。国民文学が存在しているのも、**日本語が生**

きているからです。

「自分たちは日本で日本語を使っている！」ととくに意識することはないでしょう。当たり前すぎて、そのように考えることはありません。しかし、言葉を奪われなかったというのは世界的にもまれなことなのです。**言語は奪われるもの**だからです。

私たちは日本語を使って、哲学を語ることができます。科学について思考することができます。法律を制定することもできます。もちろん豊かな文学世界をつくり出すこともできます。

これは奇跡的なことなのです。

生き残った漢字

中国の文化圏にあった日本は、現在も漢字を使っています。実は、ベトナムや韓国も漢字を使っていました。

しかし、ベトナムは現在アルファベットを、韓国はハングルを使用しています。韓国では高齢の人は漢字を読むことができますが、現在では基本的には使用されていません。

漢字練習をしなくてもいいので、勉強がラクになるという側面はあります。

日本の小学生は卒業までに**1000字以上の漢字を覚える**必要があります。これにはかなりの時間と労力が必要とされます。中国の子どもほどではないにせよ、大変なことです。

しかし、漢字を使わなくなってよかったかというと、そうとも言い切れないというのです。30年ほど前、韓国の研究者が**「抽象的にものを考える能力が下がっている」**と警鐘を鳴らしていました。長い期間、書き文字としての漢字が保持されていたのですから、その漢字が使われなくなったこととの因果関係はゼロではないでしょう。

私たちも、漢字にさまざまな意味合いを含めて使っています。もし、漢字を使わなくなり、ひらがなだけになったら？　学問や研究、文学において困ることは容易に想像できます。

言語で見える世界が違う

日本語と英語で「見える景色が違う」という話をしておきましょう。どういうことか？　実は言語が違うと、頭の中でイメージする映像がまったく違ってきます。ちょっと試してみましょう。

I saw a woman standing on the hill.

英語では、「私は見た」から入ります。次に a woman「女の人」がいる。standing「立っている」。それはどこに？　on the hill「丘」だね。このようになります。

日本語の場合はどうでしょうか。

（私は）丘の上に立っている女の人を見た。

日本語の場合「私は」という主語が省略されることも多いので、その場合はいきなり「丘」から入ります。まず「丘」が見えるわけです。次に「丘の上に立っている」何かがいる。なんだろう？　ああ「女の人だ」という流れになります。

英語の文章において、意識に上る順番は、「私↓見た↓女の人↓丘」となります。

自分の地点から丘へと意識が広がっていくイメージです。

日本語では「丘↓女の人↓見た（↓私）」となります。丘から視点が引き寄せられるイメージです。このように言語が違うと世界観も変わります。同じことを言っていたとしても、私たちの頭の中に描かれるイメージは、使用する言語によって変化するわけです。つまり言語の獲得というのは、実は「新しい世界の獲得」でもあるわけです。

母語・母国語以外の言語を学ぶと、**同じ世界を違った視点で見ることができるようになる**。世界が二重になる。複眼になるのです。

無意識の日本語の強要

日本語だけで生活していると、周囲の人の困りごとに気がつきにくいでしょう。

今、街中にはアジア系の外国人がたくさんいます。コンビニエンスストアでも多くの外国人の方が働いています。

日本語が母語でない人がたくさんいるわけです。それにもかかわらず、その外国人の店員さんに向かって当たり前のように日本語で話しかける。ゆっくり話したり、簡単な単語を使ったりしない。片言の日本語しか話せない人にとって、それは**日本語の強要**です。それでいいのかどうか。一度考えてみてもいいはずです。

僕の近所のコンビニエンスストアは、店長以外の店員はほぼ外国人です。コンビニエンスストアの店員が覚えなくてはいけない業務は多岐にわたります。しかし、それらをすべて日本語で行っているのを見ると、本当に頭が下がります。日本語を覚えて、しかも、それで仕事をする。努力なくしては難しかったでしょう。

もちろん、英語を話せばいい、という短絡的な話ではありません。**日本語だけで成り立っているこの社会を当たり前と思ってはいけない**、と知っておくべきなのです。

第一章に登場したキーワードのまとめ

アイデンティティ

国籍だけでなく、同じ国内でも地域の違いがアイデンティティを形づくることがある。また見方を変えて、「唯一無二の自分」というものは本当にあるのか、という問いも重要。自己評価もアイデンティティのテーマの一つとなる。

日本で育った外国籍の人、両親の国籍が違う人、国籍を選ばなくてはならない人などは、「自分とは何者か」というアイデンティティの問いに直面することが多い。日本人はたまたま「国籍」「言語」「住んでいる国」が一致している人が多いにすぎない。

コミュニケーション能力

日本企業は学生にコミュニケーション能力を求めている。とはいえ、この言葉の定義はあいまいだ。企業が求めるコミュニケーション能力は、リーダーシップに近いものなのではないかなど、他の能力へと広げて考えることもできる。また、「明るく元気な人は、コミュニケーション能力が高い」という当たり前を疑ってみよう。

SNS（Social Networking Service・ソーシャル ネットワーキング サービス）

若者のコミュニケーションは、ＳＮＳ抜きには語れない。それゆえＳＮＳに関する問題は頻出。相手とつながり続けるストレスは、現代の新たな課題である。

言語

１０００年を超えて日本語が生き残っているのは、日本がほぼ植民地として支配されなかったため。実は言葉が他の国によって奪われずにすみ、母語によって高等教育を受けることができる国は、世界でもそう多くはない。

・アイデンティティ
・コミュニケーション
・SNSにおけるコミュニケーション
・日本語
人文系、教育系の小論文は、人間関係が最頻出ですよ

関連キーワード解説

縁起（えんぎ）

変わらない自分がいるのではなく、人との関わりの中に自分があるという仏教の教え。たとえば、「私」は、親にとっては子ども、兄にとっては弟、友人にとっては友人、恋人にとっては、彼、彼女のように、相手によって役割や立場が変わる。固定した絶対的な自己などないという考え方。

母国語と母語

「母国語」は自分が所属している国の公用語。「母語」は個人や集団が、幼児期に習得した言語のことで第一言語とも言われる。このように母国語と母語を分けて考えると、ある国で外国語を話す親の元に生まれた場合など、「母語」と「母国語」が一致しない場合に区別して表すことができる。

公用語

公の場で用いられるように国によって定められた言語。複数の言語が国の中で話されている場合、ある言語、もしくは複数の言語を選んで公用語とする。

第二章

日本社会

日常生活の身の回りのできごとから、
少し離れた問題について考えましょう。
社会で生じているさまざまなことに、
関心を持つことが大切です。

第二章に登場するキーワード

18歳選挙権

海外では選挙権は「18歳以上」が主流となっている。日本でも２０１６（平成28）年から選挙権年齢が「満20歳以上」から「満18歳以上」に引き下げられた。ちなみに被選挙権（立候補する権利）は、衆議院議員で「満25歳以上」、参議院議員で「満30歳以上」。

少子高齢社会

若年者の人口が減り、高齢者の人口の割合が増えていく社会のこと。日本は、少子高齢化社会と言われている。高齢化の始まりは、総人口に占める高齢（65歳以上）人口の割合が７％台を超えた１９７０年と言われる。２０１９年10月1日現在において、高齢化率は28・4%。*

＊資料：総務省「人口推計」2019（令和元）年10月1日（確定値）

格差社会

格差には「経済格差」「地域格差」「教育格差」「雇用格差」などがある。格差社会とは、個人の努力では埋めがたいほどの格差が社会にあることを言う。

生活保護

生活に困窮している国民に対して、最低生活の保障とともに自立の助長を図る制度。日本国憲法第25条の理念に基づいている。

NPO（NonProfit Organization）

市民運動やボランティア活動などをする民間非営利組織。具体的には、保健、医療、福祉、文化、環境、人権・平和、まちづくり、社会、教育、子どもなどの分野において市民活動を行う団体のこと。

1 〈18歳選挙権〉日本社会と若者の政治参加

この項の最後に18歳選挙権についてお話をしますが、18歳というキーワードとからめて、「若者論」や「日本人論」についてまずは解説します。いずれもよく出題されるテーマですので、しっかりおさえてください。

和を重んじる日本人

若者について問う問題は多く出題されます。

これを大きな枠組みで捉えると、**日本人論**、もしくは日本社会論と考えることができます。そのため、海外と比較するのが一つの方法です。この対比は、これからお話しすることの前提になります。

まずは、日本人論として提示される基本的な内容をおさえておきましょう。「自分もそうなのかな?」と考えながら、読んでみてください。

日本人は和を重んじる集団です。

周りの人とうまく活動し続けることを重視します。そのために相手と協調し、時に妥協しながら、その集団の調和を崩さないように努力します。コミュニケーションにおいては、**「空気を読む」**ことが重要。**言わなくてもわかって当たり前**、という世界です。

「村社会」という言葉があります。

これは実際の地域についての話だけではありません。企業や政界、学会などを指す場合があります。**権力がある一部の人を中心に秩序が構築され、掟《おきて》やしきたりに従いながら生きていく社会**です。

トップの人間の指示に従うことはもちろん、その人に迷惑が及ばないように自ら動く。忖度もこのような構造の中から生まれます。

「和を重んじる」と言えば聞こえはいい。しかし裏を返せば、**閉鎖的な社会**と言えます。他人を寄せつけない集団です。日本がいまだに移民を受け入れないのも、そのような閉鎖性に理由があるのかもしれません。

個を重んじる欧米人

欧米は自由を重んじる個人主義の社会です。

アメリカなどの多民族で成り立つ国には、長い歴史の中で培われた共通の文化や言語はありません。

そのため、**自分の意見をはっきりと表明**しなければなりません。このような社会では、自己主張をしなければ生き残ることはできません。協調するために黙っていると、意見がない人と思われます。

このような基本をおさえた上で、日本と欧米を比較して話を広げてください。

都市と地方の比較

都市と地方の比較を通じた日本人論も注目です。

僕のアメリカ人の友人は「同じアメリカ人でも都市部と地方の人はまったく違う」

と言います。
先ほど、アメリカは個人主義の国とお伝えしましたが、地方に行くと、共同体意識が強く、その地域のルールに縛られて生きている人も多いと言われています。ヨーロッパも同様です。

一方で日本では、都市部に住む若者と、地方に住む若者の間に、それほど大きな違いはありません。考え方や振る舞いは、ほぼ同じです。
なぜ同じになるのでしょうか？　それは、環境が同じだからです。もちろん、一般的に地方には自然が残っていて、都市部は住宅やビルが建ち並ぶ、などの住んでいる環境の違いはあります。また、寒冷地域と、比較的温暖な地域など、気候の違いもあります。話している言葉のイントネーションが違ったり、地域ごとに特産品があったりと、もちろん、そのような違いは今も残っています。

しかし、ふだんの生活で使うスマホ、交通手段としての車、テレビ、スーパー、ファミレスも、コーヒーショップもみんな同じ。ほぼ同じ生活をしているのです。

アメリカでは、都市と地方では生活がガラリと変わります。食べているものも違う。同じお店やレストランがあまりないからです。そもそもレストランがない、ということもあるのではないでしょうか。

日本人の若者論の一つとして、覚えておいてもいいでしょう。

突出した個性がないのはなぜか?

就職活動を迎えるようになると、突然出てくるキーワードがあります。それが「個性」です。

産業界では「個性のある突出した人材が不足している」などと言われます。しかし、これはひどい評価だと個人的に思います。なぜそう思うのか?

日本の学校は**「みんなと同じ」ことが評価される**場所です。クラス対抗のイベントでは、みんなで協力し、同じ目標に向かってがんばることがよしとされる社会です。

個性の強い子は、このような共同生活の中でははじき出されてしまいます。

ある種、**個性を押しつぶしてなんとか学校生活を乗り切ってきた**のが、みなさんなわけです。

これまでがんばってきたのに、就職活動の際には突然個性が求められる。個性を生み出せる土壌がまったくない中で育てられたのに、個性を出せと言われる。自分の意見はないのかと問われる。これは本当にかわいそう、を超えて理不尽なことです。

日本経済の移り変わり

もしかすると、みなさんが物心ついたときにはもう、日本はパッとしない国になっていたかもしれません。でも、そうではない時代があったのです。

かつての日本は、**「ジャパンアズナンバーワン」**ともてはやされ、ニューヨークのタイムズスクエアにあるビルを日本企業が買収した時代がありました。

日本社会論を考える上で大切な知識です。簡単に戦後日本の経済的な凋落《ちょうらく》をまとめます。

敗戦から高度経済成長へ

１９４５年に第二次世界大戦が終わりました。日本は焼け野原となり、民間人を含め３１０万人を超える人々が犠牲となりました。

１９５０年に朝鮮戦争が始まります。この戦争が日本の経済的復活の転機となります。国内の軍需産業関連企業の輸出が伸び、戦後の不況から脱します。

その後、景気は上向き、１９６０年には「国民所得倍増計画」が発表され、本格的に高度経済成長の時代へ入ります。

１９６４年の東京オリンピックに向けて新幹線や高速道路などのインフラが整備され、内需も拡大。このときのオリンピックは、実際に景気の拡大に寄与しました。国民総生産（ＧＮＰ）は膨れ上がり、１９６８年には西ドイツを抜き自由経済圏の中で世界第2位となります。

長期低迷期へ

最初の経済的な停滞は、１９６０年代の「公害問題」と、１９７０年代の「石油危機（オイルショック）」です。このできごとにより、高度経済成長期は終わりを告げました。

１９８０年代の後半には「バブル景気」となります。本物の景気のよさではない「泡

（バブル）」のような景気です。この頃、金利が低く抑えられたために、企業や個人が銀行からお金を借りて不動産や株を買いまくり、不動産や株の価格が急騰。それらを買って売り抜けることが繰り返されました。

しかし、このしくみは長く続くものではありませんでした。１９９１～９３年頃に起こった株価や地価（土地の値段）の急落が「バブル崩壊」です。長い不況の入り口となりました。

２０００年以降、日本は長期低迷期に入ります。

経済成長率は何度もマイナスを記録。さらに２００８年に起こった米投資銀行大手リーマン・ブラザーズの経営破たんに伴った世界的な金融危機によって、２００８年度のＧＤＰの落ち込み幅は戦後最大（当時）に。

２０１０年には名目ＧＤＰで中国に抜かれて世界第3位となりました。

２０１２年に第2次安倍内閣が発足して以降、消費税は上がるものの賃金が上昇することはなく、人々の生活は苦しくなりました。

このように戦後の日本社会は、１９８０年代バブル景気までの成長期と、１９９０

年代以降の30年の低迷期の二つに分かれます。

パッとしない国の「日本人スゴイ論」

日本は敗戦国となり、**アイデンティティ**（国のあり方）を喪失しました。

しかし、経済大国となることで、再び自信を取り戻していきました。日本人スゴイ、日本の技術スゴイ、日本人の真面目さがスゴイともてはやされたのはこの頃です。その頃はまだ、社会における集団的な日本人的思考というのは、機能していました。

しかし、約30年の低迷期の中で、日本人は自信を失くしてしまいました。

その反動として出てきたのが「日本人スゴイ論」です。

「日本のここがスゴイ！」「日本はいい国！」「日本は特別！」という番組や書籍がどんどん出てきました。

こういうものを見たり読んだりして、自分を慰めている。日本人スゴイ論は実は、**日本人の自信喪失の表れ**なのです。

18歳選挙権

18歳になると選挙権が与えられます。みなさんは選挙に行ったことがありますか？　２０２１（令和３）年度に行われた衆議院議員総選挙の10代の投票率は43・2％。20代の36・5％と比べると高い数字を示しています。

ただし、上の世代と比べると若者の投票率は、実はさほど高くありません。若者の投票率が低いと何かいけないことがあるのでしょうか？　中学の公民の授業では、選挙は、国民の声を政治に反映させる手段、だから選挙に行こう！　と教えます。たしかにそうです。間違いではないですし、事実です。しかし、そのような教育の結果として、今の投票率になっているわけです。

改めて聞きます。なぜ選挙に行くことが大切なのか？

簡単に言うと、**損をしないため**です。もちろん、世の中損得だけで動いているわけではありません。しかし、選挙に行くことで、得られるものが多くなり、生活がよい方向に向かうこともあります。

たとえば、奨学金。大学進学を志しているみなさんに直結する話題ですね。

日本学生支援機構が行った「令和2年度 学生生活調査」によれば、奨学金を利用している学生の割合は、大学（昼間部）で49・6％、短期大学（昼間部）で56・9％、大学院修士課程で49・5％、大学院博士課程で52・2％です。つまり、学生のおよそ半数が、**奨学金という名の借金を背負って大学生活をスタート**させているのです。

アメリカでは2022年に、民主党のバイデン大統領が、一人当たり最大1万ドル（当時約130万円）の学生ローン返済を免除すると発表しました（経済的支援がとくに必要な低所得家庭の奨学金を受けた人は、2万ドルを免除）。これは若者からの支持をねらってのことだとされています。

もし日本で、10代、20代の投票率が100％に迫るようになれば、**政府は若者の声に耳を傾けざるを得なくなる**でしょう。つまり、奨学金の問題の解決策を本気で考えるはずです。

投票は自分の意見を政策に反映させ、**生活や人生をよりよくするための方法**です。

東北大の吉田浩教授は、「49歳以下の世代で国政選挙の投票率が1％下がると、年間約7万8000円損をする」と試算しています。

民主主義国家では、自分の一票が、未来の生活を変えていくのです。

2 〈少子高齢社会〉急激な少子化・高齢化が進んでいる

子どもが減り、高齢者が増える

高齢化社会というのは、総人口に占める高齢（65歳以上）人口の割合が高くなる、具体的には７％を超えた社会のことです。一言で言うと、子どもが減って高齢者が増えていく社会です。少子高齢化とも言われます。

生まれる子どもの数はどんどん減り続けています。厚生労働省の人口動態統計速報*によると、２０２３年2月に公表された、**2022年の出生数は、79万9728人**。１８９９年の統計開始以来、初めて80万人を下回りました。

恐ろしいのは、減り方のペースが早いことです。過去10年の平均減少率は年2・5%ほどでした。それが2022年の出生数は、前年比で5・1%減となったのです。**減り方が2倍になっている**ということです。

＊日本における日本人、日本における外国人、外国における日本人及び前年以前に発生した事象を含む。

一方で平均寿命は右肩上がりです。

2021年は、新型コロナウイルス感染症（COVID-19）による死亡率の上昇が平均寿命を縮める方向に働きました。とはいえ、男性は81・47歳、女性は87・57歳の長寿です。男性は80歳、女性は90歳が当たり前になってきているのです。このペースが続けば、日本社会の**少子高齢化**は進んでいきます。

ベビーブームはこなかった

おもな用語と数字を一緒に確認しておきましょう。

団塊の世代は、戦後間もなく起こった第1次ベビーブームの世代です。その子どもたち世代が団塊ジュニア＊と呼ばれている、第2次ベビーブームの世代です。

その後、ベビーブームは起こることがなく、**少子高齢化**の時代に突入します。団塊の世代、団塊ジュニア世代、2023年時点の受験生世代、最近生まれた世代それぞれの直近の出生数を示します（左ページの表）。

＊団塊ジュニア　1971〜74年の第2次ベビーブームに生まれた人々。団塊の世代の子どもに当たる世代。

少子高齢化の問題点

少子高齢化によって、どんな問題が起こるのでしょうか？

まず、経済が縮小します。**働く人が少なくなる**からです。働き手不足は、現在の日本でもすでに起こっています。稼ぐ人が減れば、購買量も減ります。そのため、社会にお金があまり回らなくなります。

日本は**「物が売れない国」**となり、投資先としての魅力もなくなります。そのため、企業の成長も期待できなくなります。

少子高齢化によって人口が減り、**経済規模が縮小し始めると、それがさらなる縮小**を招きます。経済がこのような「縮小スパイラル」に陥ると、抜け出すのはとても難

表　**出生数の比較**

1949年生まれ	269万6638人 過去最多。団塊の世代。
1973年生まれ	209万1983人 団塊ジュニアの中で最多。
2003〜15年生まれ	約100万〜110万人／年
2022年生まれ	79万9728人 過去最少。

（厚生労働省ホームページなど）

しくなります。

社会保障にお金がかかる

また、病院にかかる人が増えるので医療保険に負荷がかかります。

介護などサポートが必要な人が増えると、介護保険にも負荷がかかります。年金は現役世代が年金受給世代を支えています。若者の減少によってその負担は重くなり、受給できる金額も減るでしょう。

労働人口が減るので、当然、税収も下がります。行政ができることがどんどん減っていきます。簡単に言うと、**貧しい社会になる**ということです。

このように日本人の労働者が減るのであれば、移民を受け入れるという話も出てくるかもしれません。少ない労働人口を補うために、あらゆる分野でＡＩの導入が進むのではないでしょうか。

ちなみにトヨタ自動車は、この20年間で従業員数はそれほど大きくは増えていません。しかし、２０２２年４〜12月期の連結決算で売上高は過去最高でした。

問題なのはサービス業です。日本のサービスはていねいであることがウリですから、生産性と相性が悪いのです。

行政サービスは、その最たるものです。**デジタル化できることを紙ベースで行っているため**、ムダはあちこちで見られます。

「あらゆる人がサービスを受けられるようにする」、これは日本社会のいいところです。たとえば、周りに家もなく一人しか住んでいないところに電話線を引っ張るための工事をする。日本に余裕があったからできたことです。しかし、これから先は難しくなるでしょう。

働き手が不足していることで、サービスの合理化が必要になります。身近なところでは、スーパーやコンビニエンスストアなどのセルフレジや、飲食店などの注文用のタッチパネルなど、すでに多くの企業が対応を急いでいます。以前は店員さんにすべてやってもらっていたことも、今後は客が自分でやる。**社会を維持するために必要なこととして受け入れる必要がある**でしょう。

少子化の理由は何か？

少子化が進んだ原因は何でしょうか？

日本経済新聞が、20～60代の男女1000人を対象に行ったアンケートによると、まず結婚すること自体に躊躇《ちゅうちょ》している様子が浮かび上がります。

「結婚が減っている理由（複数回答）」として、最多は**「若年層の収入・賃金が低い」**で男女ともに60％を超えています。

次に**「将来の賃上げ期待がない」**が続き、女性の約50％が理由として挙げています。収入の不足と未来への不安が、結婚に二の足を踏ませているのです。

「少子化が進む理由（複数回答）」では、**「家計に余裕がない」**が全体の74・5％とダントツ。ここでも経済的な理由がトップにきています。女性では、**「出産・育児の負担」**

「仕事と育児の両立が難しい」が約60％にのぼります。女性の負担感が強いことも忘れてはなりません。

少子高齢社会の未来とは

少子高齢化はどのように進んでゆくのでしょうか。数字で見ておきましょう。

全人口に占める15歳未満人口の割合は12・5％（2015年）から10・7％（2045年）に低下する一方、65歳以上人口の割合は26・6％（2015年）から36・8％（2045年）に大きく上昇すると予想されています。

子どもは10人に一人、そして3人に一人が高齢者です。2045年には、一人の高齢者を1・4人の生産年齢人口で支える時代が到来すると言われています。

ここまで来てしまった少子高齢化は、もう止められないのでしょうか？希望はあります。兵庫県明石市は、一人の女性が一生の間に生む子どもの数を表す「合計特殊出生率」と、人口の両方を大きく伸ばしています。泉房穂市長（2023年4月末退任）のもとで「5つの無料化」という子ども政策を推進。両親の所得にか

表　明石市と全国の合計特殊出生率の比較

	2010年		2020年
明石市	1.48	↗	1.62
全国	1.39	↘	1.33

かわらず、「高校3年生までの医療費の無料化」「第2子以降の保育料の完全無料化」「0歳児の見守り訪問とおむつなどの配達」「中学校の給食費無償」「プールや博物館など公共施設の入場料無料化」を実施しています。

市長就任前の2010年と就任後の2020年の、「合計特殊出生率」を比較した数字は上の表の通りです。

また、明石市の人口は2022年10月1日現在で30万4564人です。2013年以降10年連続で増加しています。0～14歳、25～39歳の転入が多いのが特徴です。子育てしやすい明石市に住みたい人が増えているのですね。

トップが本気になれば人口も増えることが、明石市の例からわかります。

3 〈格差社会〉日本でもすでに格差は拡がっている

中流からこぼれ落ちる人々

人口が1億人を突破した1960年代終わり頃、日本では「一億総中流」という言葉が流行《はや》りました。ちょうど、高度経済成長期の終わりの頃です。僕もこの言葉はなんとなく覚えています。

自分は**中流階級に属すという意識をほとんどの人が持つことができた時代**です。思い返せば、たしかにそうだったという気がします。自分の周りでも、「貧乏」を感じさせる人はほとんどいませんでした。

まずは所得の平均値をおさえておきましょう。

2021年のデータを見ると、日本の会社員（平均年齢46・9歳）の平均年収は

443万円です。ちなみに男性の平均は545万円、女性の平均は302万円となります。

そこから税金や社会保険料（年金、健康保険、雇用保険など）で20％くらい差し引かれます。すると実際に使える手取り年収は、全体で354万円、男性は436万円で、女性は241万円くらいです。

ひと月当たり、全体では29万円、男性は36万円、女性は20万円くらいです。女性一人で子どもを育てる場合、平均給与をもらっていても厳しいと言わざるを得ません。

ちなみに、国民負担率という数値があります。

租税負担額および社会保障負担額の、合計の国民所得に対する比率のことです。つまり日本国民全体で、租税や社会保障が所得の何パーセントか？　ということですね。日本の国民負担率は現在、45％を超えています。

仕送りはいくら？

大規模な経済指標ではなく、みなさんが変化を実感できるように、身近な数字でも確認しましょう。「下宿生の仕送り金額」です。みなさんが大学に合格し、一人暮らしをするとします。仕送りはどれくらい期待できるでしょうか?

全国大学生協連が2022年秋に行った「第58回学生生活実態調査」の「下宿生の仕送り金額分布」のグラフを見ると、劇的に下がり続けている数値(A)と、緩やかに上昇傾向にある数値(C)があります。

1995年は6割超の学生が「A 仕送り10万円以上」を得ていました。2000年以降の長期低迷期になると、その数値(A)は下がり続けます。そして2009年には「A 仕送り10万円以上」は、「B 仕送り5~10万円未満」に抜かれます。

2000年以降、10万円以上の仕送りを得る学生が減るのに合わせたように、伸びてきたのが「C 仕送り5万円未満」と「D 仕送り0円」です。

直近の数字である2022年となると、「B 仕送り5~10万円未満(33・8%)」「A 仕送り10万円以上(25・1%)」「C 仕送り5万円未満(18・4%)」「D 仕送り0円（8・3％）」の順となっています。

仕送り10万円以上を得ている学生は、調査開始の1995年の半分にも満たないのです。それだけではなく、学生の約4分の1は仕送り5万円未満で、そのうちの約3割は仕送りがまったくないという状況です。

この状況に追い打ちをかけたのが、新型コロナウイルスです。2020年以降の数字を見てみると、仕送り10万円以上の割合はさらに減り、それ以外はほぼ同じか、増えています。

そして、この状態に呼応するように、アルバイトをする学生の割合は増え続けています。

子どもにいい教育を受けさせてあげたいという親の気持ちは変わらないはずです。しかし、そのための余裕が減っていることが、これらの数字からわかります。

子どもの貧困も深刻

中流が減ると同時に、貧困層が増えました。格差はだんだんと拡がっています。日本では生活保護の制度があるため、「1日を1・90ドル（約250円）未満で過ごす**絶対的貧困**の人はあまりいません。増えているのは、**相対的貧困**レベルにある人です。

相対的貧困とは、**所得が国民の中央値の半分に満たない状態**のことです。一人当たりではなく、世帯で考えます。

日本では貧困の境界となる金額は127万円です（2018年）。親の収入が月10万円で家族全員が生活するイメージです。この**相対的貧困の状態にある子どもが、7人に1人**いるとされています。

ただ、そんなふうに感じられないのは、家庭の経済状況にかかわらず、みんな同じ店で買い物をしているからです。授業参観に行くと、「同じ服を着ているから、自分の子がどこにいるかわからない」なんていう話もよく聞きます。

序章でもお話ししましたが、ユニクロ、ジーユー、Gap、ハニーズ、しまむら、Zaraなどなど、いわゆるファストファッションの服を着ている子が多い。みなさんも買ったことがあるかもしれません。**みんなが同じような服を着ているので、見た目だけでは生活に困っていることがわからない**のです。

国際NGOが日本でも活動

2023年1月末、飛び込んできたニュースに複雑な気持ちになりました。

「弱い立場に置かれがちな女の子をサポート」する国際NGO「プラン・インターナショナル」が日本で、15歳から24歳までの女の子と、若年女性に向けた支援を本格稼働しました。**国際NGOが、日本を「援助が必要な国」とした**のです。

「『女の子のための居場所・相談』プロジェクト」は、居場所の提供や相談事業だけでなく、生理用品や食料などの物資の支給も含まれています。

事の深刻さを裏づけているように思えます。

また、ここには**ジェンダー**（118ページ）に関する問題点も含まれています。日本の子ども、そして、とくに女の子が生きるのが難しいのが、今の日本なのかもしれません。

④ 〈地域社会〉地域社会の現状と課題を考える

自助・共助・公助

危機への備え方として、**自助・共助・公助**という考え方があります。以下のような意味で、それぞれ、危機に対して取り組みを行います。

- **自助：自らが取り組むこと。**
- **共助：地域のコミュニティや仲間で取り組むこと。**
- **公助：政府や自治体が取り組むこと。**

たとえば、貧困、という危機については、以下のように取り組みます。

自助は、自分で働いてなんとかする。

共助は、子ども食堂を運営するなどして地域で助け合う。

公助は、政府や自治体が**生活保護**やシェルターなどを提供する。

社会における貧困が進むにつれて（格差社会）、最低限の生活を保障する公助だけでは立ち行かなくなってきました。そこで、**自助と公助の間を埋める方法として、共助が必要とされる**ようになりました。地域で支え合う、仲間をつくって支え合う、ボランティアで支え合うなどが共助に当たります。

では、共助には、具体的にどのような組織や団体があるのか、見てみましょう。

重要な役割を担う共助

一つ目は、地域社会を住人がどうつくっていくかという視点の**共助**を行う団体です。たとえば「プレイパーク」。これは地域で子育てをする取り組みです。この活動では、公園での子どもの自由な遊びを支援。**地域の人々が中心となり、親子が一緒に遊べる場を提供**しています。

また、企業や**NPO**法人、ボランティア団体も積極的に活動を展開しています。

次に、**共助**として活動するＮＰＯ法人の一つに、「自立生活サポートセンター・もやい」があります。**野宿をしている人々の連帯保証人になる**ことから、この活動はスタートしました。アパートに入居するためには、借主が家賃を払えなくなったときに代わりに払ってくれる保証人が必要です。学生の場合は、親が連帯保証人になってくれるかもしれません。

しかし、保証人を見つけられない人もいます。「もやい」が連帯保証人となることで、野宿をしている人々が、住む場所を見つけることができるようになりました。

このように、自助でも公助でも手が届かない部分を、共助が担っているのです。

野宿をしていた人がアパートに住むようになることで、その地域の住民となります。そうすれば住民として公助の支援が受けられるようになるでしょう。

また、住所があれば職を探すこともできます。働くことで、支援を受ける側ではなく、その地域の納税者となります。このように共助が行き届くことによって、単に「家を見つけられてよかった」で終わるのではなく、**地域社会全体にとって、プラスのサイクルをつくることができる**のです。

つまり、共助の活動の大切なポイントは、**「どのようにその地域をつくっていくか」**

ということなのです。

持続可能な地域はどのようにつくるか?

その地域に「お金が落ちる方法」を考える場合、これまでは、以下のような方法が中心になることがありました。

「大企業を入れてゴルフ場をつくる」「ホテルを建ててリゾート開発をする」「原子力発電所の建設を許可して補助金をもらう」。また直近では、「カジノをつくって人を呼ぶ」試みも始まりました。

もちろん、どの方法も有効でしょう。しかし、**共助**の考え方を軸にすると、視点が変わります。どう変わるか?

先ほどお話ししたように、「持続可能な地域をどうつくっていくか」という軸が生まれるのです。

地域エコノミストの藻谷《もたに》浩介氏が提唱する「里山資本主義」という考え方は、地域社会を考える上で参考になります。

藻谷氏とNHK広島取材班の著書『里山資本主義――日本経済は「安心の原理」で動く』（KADOKAWA）によると、里山資本主義とは**「かつて人間が手をいれてきた休眠資産を再利用することで、原価0円からの経済再生、コミュニティー復活を果たす現象」**と定義されています。この「休眠資産」というのが、里山のことです。

里山というのは、**人が手を入れることで維持してきた、集落に続く山**を意味します。集落の人々はそこで燃料としての薪《たきぎ》、肥料としての草木を得てきました。共同で管理することで、だれかがすごく儲《もう》けるわけではないけれど、持続可能な資源として里山を利用してきたわけです。その里山を見直すことで、かつてのように資源として活用するだけでなく、観光資源にしたり、子どもたちの学習の場にしたりすることができるのです。すでにそれに気づいている人もいます。

このような考え方は、先ほどの開発一辺倒の方法とは一線を画します。地域を興すにはどうすればいいか、を考える際、共助を軸とすることで、**その地域に住む人々すべてが恩恵を受けられる方法が見つかる**ことがあるのです。

第二章に登場したキーワードのまとめ

18歳選挙権

令和3年度の参議院議員選挙の10代の投票率は43・2%。20代は36・5%。日本における選挙は「権利」だが、「義務」となっている国もある。選挙が大切なのは、それが民主主義国家において政治へ参加するために私たちに与えられた方法だからだ。

少子高齢社会

2022年の出生数は80万人を下回り過去最低に。一方で平均寿命は延びており、男性は81・47歳、女性は87・57歳となっている。約20年後、2045年には、全人口に占める15歳未満人口の割合は10・7%、65歳以上人口の割合は36・8%になると試算されている。

格差社会

過去には「一億総中流」と言われ、自分は「中流階級」に属すると考える人が多くいた。現在、所得の面でも二極化が進み、少数の高所得者と大勢の低所得者に分断されている。

生活保護

憲法第25条が保障する「健康で文化的な最低限度の生活」をするために、生活保護を受けることは権利として認められている。日本での利用率は諸外国に比べると低く、本来であれば受給できる人が申請していない可能性が指摘されている。

NPO(Non-Profit Organization)

市民活動を行う民間の非営利組織であるＮＰＯは「自助・共助・公助」の共助（地域のコミュニティや仲間で取り組むこと）を担っている。本来であれば、政府や自治体が公助として行うべき部分を補っているという側面がある。

日本社会の諸問題について知っておくべきなんだね
そうだね

関連キーワード解説

村社会

日本の集落を形成する小さなまとまりのなかにおいて、上に立つ者を中心としてしきたりを守りながら暮らす排他的な社会のこと。また、政治、大学、企業などで、その閉鎖性の高さを指摘する場合にも用いられる。

石油危機（オイルショック）

１９７３年の第４次中東戦争において、ＯＰＥＣ（石油輸出国機構）が、原油の供給制限と輸出価格の大幅な引き上げを実施。国際原油価格は３か月で約４倍に高騰。日本でも、「物不足になる」という不安が生じ、トイレットペーパーの買い占めなどが行われた。

公害問題

「水俣病」「新潟水俣病（第２水俣病）」「イタイイタイ病」「四日市ぜんそく」など、工場から排出された排水やスモッグが公害を引き起こし、人々の健康に悪影響を及ぼした。

バブル景気

「円高不況」から脱出するため、日本銀行が「低金利政策」の継続を決定。銀行から資金を借りやすくなったため、大量の資金が不動産や株式への投資に向かった。これにより資産価格が高騰。いわゆる「バブル景気」が生じた。お金を借り、不動産や株を高い価格で売って儲けることが繰り返された。１９９１年から１９９３年頃、土地や株の値段が急落。長い不況に入った。

第三章

異文化理解

現代社会では、
異なっている人について知り、
受け入れることが求められます。
広い意味で異文化について考える姿勢を身につけてください。

第三章に登場するキーワード

ジェンダー(gender)

社会的、文化的につくられた男女の差異のこと。男らしさ、女らしさのこと。ちなみに生物上のオス・メスを示す言葉は「セックス（sex）」。

ジェンダーギャップ指数(Gender Gap Index：GGI)

世界経済フォーラム（World Economic Forum：ＷＥＦ）が発表する、各国における男女格差を測る指数。「経済」「教育」「健康」「政治」の４つの分野のデータから作成される。

LGBTQ(エルジービーティーキュー)

性的少数者。ＬＧＢＴＱは言葉の頭文字を合わせたもの（１２６ページ）。

体外受精・遺伝子診断・優生思想

体外受精は、卵子を体内から取り出し、精子を注入し受精させる。その後、子宮腔《しきゅうくう》内に移植する。不妊症に対する治療法の一つ。

遺伝子診断は、遺伝子を調べることで、障害の有無や病気を診断すること。また、羊水の胎児細胞を調べることで病気の出生前診断ができる。

優生思想は、「望ましい」と考える遺伝的素質を持つ人間を優先する危険思想。「優良な遺伝子」を持つ者同士に子どもをつくらせたり、「望ましくない遺伝子」を持つ者を断種したり排除したりする。

多文化主義・文化相対主義

多文化主義は、一つの社会で複数の文化が他文化を尊重しつつ共存しようという考え方。

文化相対主義は、すべての文化が平等であるという考え方。

1 〈ジェンダー〉ジェンダー差別を知る

ジェンダーとは何か？

「ジェンダー（gender）」とは、社会的、文化的につくられた男女の差異のことです。ざっくり捉えるなら、男らしさ、女らしさのことです。生物上のオス・メスを示す言葉「セックス（sex）」とは区別して使われます。

社会的、文化的とあるように、日本には日本の男らしさ、女らしさが存在します。外国と比較すると、ジェンダー観に違いがあることがわかります。

また同じ日本でも、ほんの150年ほど前の明治時代、大正時代と現在では、ジェンダー観が大きく異なっていることがわかります。

つまり、ジェンダーは、**場所、時代によって変化する**と考えることができます。

制度が社会についていけない

日本は、社会の変化に制度が追いついていないのが現状です。

選択的夫婦別姓の問題はその一つです。

現在の民法では結婚したら夫または妻の姓を称するとなっています。そのため、男女どちらかが自分の姓を変えることになります。そしてその約95％が女性です。

実はこのように、**結婚によってどちらかが姓を変更しなければならない国は例外的**です。ただ、日本で法律によって同姓にしなければならないとされたのは、１８９８（明治31）年。それほど歴史があるわけではありません。

根強いジェンダー差別

日本には根強い**ジェンダー**差別があります。

しかし、そのなかで育ったみなさんは、もしかすると気づいていないかもしれません。

みなさんの家族について考えてみてください。毎日働いて、ご飯をつくって、洗濯をして、掃除をして、子どもの世話をしているのはだれでしょうか？

週末に夕飯をつくるお父さんはいるかもしれませんが、それだけで周りのお母さんたちに「いいわね〜」と言われる。

さらに、お父さんがほぼ毎日夕飯を作っていることを話すと驚かれるそうです。みなさんも当たり前に**「ご飯をつくるのはお母さん」**と思っていませんか？


これまでは当たり前だった男女の「役割」や「らしさ」が、ジェンダー観の変遷によって受け入れられなくなることはしばしば起こります。

テレビ番組や広告における表現もその一つです。社会はすでに変わっています。表現をつくる側は、今の社会がどのようなジェンダー観を持っているかに敏感でなければなりません。

また、差別されているのは女性だけではありません。

社会的につくられた性別という意味で、**「男らしく」も差別**です。ひと昔前までは「男性は稼いで一家を守る」ということを期待されていました。

役割分担を性別で考えること。それが不平等であることに気づく必要があるのです。

政治と経済でランクを落とす「ジェンダーギャップ指数」

世界経済フォーラム（World Economic Forum：WEF）が2022年7月に発表した「**ジェンダーギャップ指数**（Gender Gap Index：GGI）」を確認しておきましょう。

この指数は、「経済」「教育」「健康」「政治」の4つの分野の男女格差を示すものです。0が「完全不平等」、1が「完全平等」を示しています。

総合では、日本は146カ国の中で、116位（スコア0・650）。アジアの中では、中国よりも低い数字です。

「教育」は146カ国中1位（スコア1・000）。
「健康」は63位（同0・973）。
「経済参画」は121位（同0・564）。
「政治参画」は139位（同0・061）。

「経済参画」と「政治参画」の順位の低さが目立ちます。政治家になるためのハードルはさまざまありますが、そのうちの一つが子育てなど家庭生活との両立の難しさです。男性の政治家が「献身的な妻」の支えで当選している一方で、逆の例はわずかと言えるでしょう。

知らないうちに、女性にいろいろなものを押しつけていませんか？

「お母さん、お腹すいた」
「お母さん、トイレットペーパーきれた」
「お母さん、靴下ない」

当たり前のように言っていませんか？　これは家だけではありません。

「〇〇さん、お茶」
「〇〇さん、コピー」
「〇〇さん、配送しておいて」

男性に頼んでよい作業を、なぜか女性に頼む。それはれっきとした差別です。

このような身近な差別意識にまずは気づくことが必要です。

2 性と人権の関係〈LGBTQ〉

性の多様性

LGBTQとは、性的マイノリティ、性の多様性を表す言葉です。
たとえば、以下のような人たちを指します。

「身体的には男性で生まれたけれど、自分は女性である」
「自分は男性であり、恋愛対象も男性である」
「自分は男性にも女性にも当てはまらない」

LGBTQは、二つの概念が混ざっています。
一つは、どのような性を愛するか？　つまり、性的指向です。

異性愛、同性愛、両性愛などがあります。

もう一つは、自分の性をどう認識しているか？　つまり、性自認（ジェンダー・アイデンティティ）です。

生まれたときの体の性別と自分が認識する性別が異なる「トランスジェンダー」、男女どちらにも当てはまらないと感じる「Xジェンダー」などが該当します。

たとえば、女性の体で生まれ、自分を女性だと思い、男性を好きになるのであれば、セックスと性自認は女性、性的指向は異性愛となります。


ＬＧＢＴＱは、それぞれ、次の言葉の頭文字を合わせたものです。

女性同性愛者の「Ｌ＝レズビアン（Lesbian）」。男性同性愛者の「Ｇ＝ゲイ（gay）」。両性愛者の「Ｂ＝バイセクシュアル（Bisexual）」。生まれたときの体の性別と自分が認識する性別が異なる「Ｔ＝トランスジェンダー（Transgender）」。既存の枠組みに当てはまらない「Ｑ＝クィア（queer）」、もしくは性的アイデンティティを決めかねている「Ｑ＝クエスチョニング（Questioning）」。

また、近年は前述以外の多様な性を含む言葉として、ＬＧＢＴＱ＋が用いられます。

低い人権意識

本書の執筆中に、**LGBTQ**をめぐって驚くべき発言が飛び出しました。荒井勝喜《まさよし》首相秘書官が、性的マイノリティに対して差別的ともとれる発言をしました。

この差別発言は即座に広がり、岸田文雄首相は荒井氏を更迭。国連のグテーレス事務総長の報道官は、「事務総長はヘイトに強く反対しており、誰を愛し、誰と一緒にいたいかを理由に誰も差別されてはならない」との言葉を発信しています。

既存の男女の枠組みに当てはまらない人は、**みなさんの周りにもいる**かもしれません。もしかするとこの本を読んでいるあなたがそうかもしれません。

しかし、前述の発言からわかるように、日本人の人権意識は残念ながらとても低く、LGBTQの人に対する差別意識は根強く残っています。そのために、**性的指向と性自認を隠して生きていかざるを得ない**という人が多いのです。

世界に取り残される日本

日本では法整備も遅れています。「ＬＧＢＴ差別禁止法」がないどころか、「ＬＧＢＴ理解増進法」も成立していないというのが現状です。

同性婚が認められていないのも、Ｇ７（先進７カ国財務相中央銀行総裁会議）の中で日本だけ。このような状態にあるということ自体が、**差別を助長している**と捉えられても仕方ありません。

約半数が「自殺を考えた」

日本で性的マイノリティとして生きることの苦しさは、数字でも示されています。認定ＮＰＯ法人ReBitが２０２２年９月に実施したＬＧＢＴＱの子ども・若者２６２３名を対象にした調査です。

この中で10代のＬＧＢＴＱの若者の48・１％が過去１年間に「自殺念慮」を抱き、14・０％が実際に自殺未遂をしています。また、38・１％は自傷行為を経験しています（左ページのグラフ）。

グラフ **この1年に経験したこと**

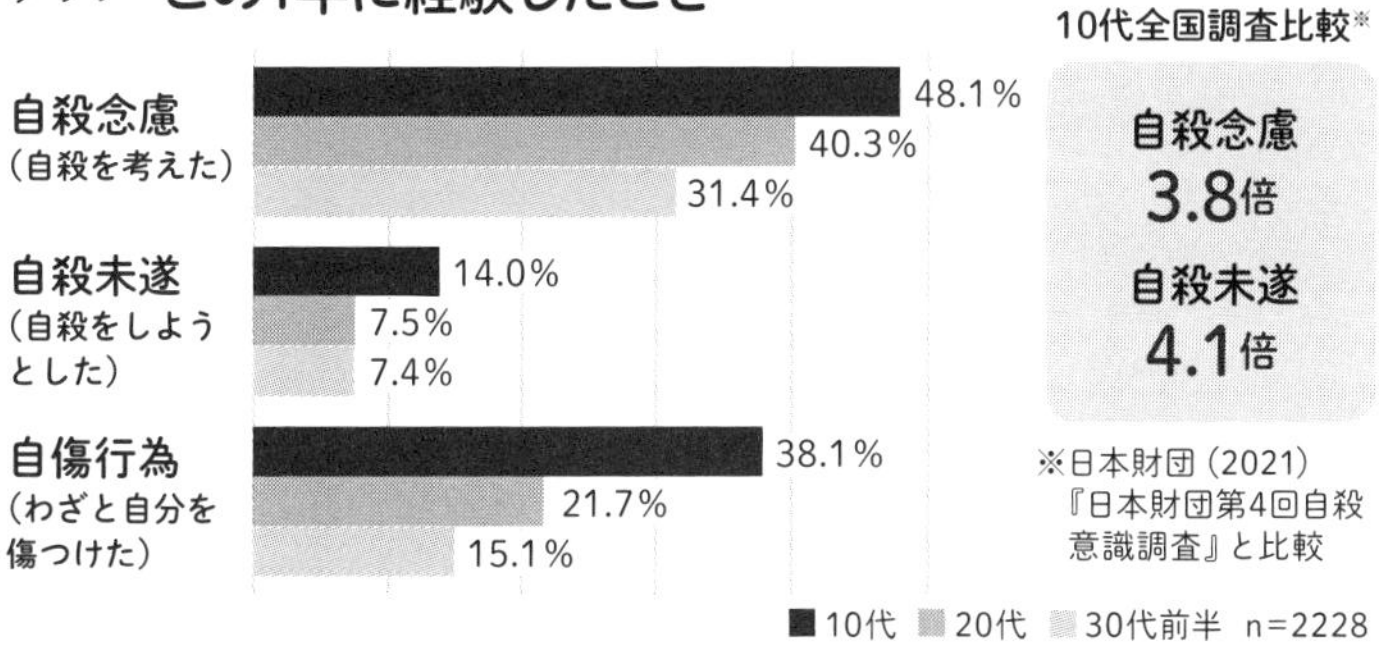

※日本財団(2021)『日本財団第4回自殺意識調査』と比較

10代LGBTQは、
この1年で、48.1%が自殺念慮、14.0%が自殺未遂、38.1%が自傷行為を経験

※アンケート概要:〈回収期間〉2022年9月4日〜30日〈調査方法〉SNS等インターネットで募集
〈有効回答〉2623〈調査実施主体〉認定NPO法人ReBit

出典)認定NPO法人ReBit

知り合いや家族に性的マイノリティの人がいないと、自分とは違った人という印象を持つかもしれません。

そのような誤解を解くことができる漫画があります。社会の中で苦労をしながらも、みなと同じ当たり前の日常を生きている姿を描いた『きのう何食べた?』(よしながふみ　講談社)です。弁護士でカミングアウトしていない「シロさん」と、彼氏のシロさんを自慢したい美容師の「ケンジ」の日常が、毎日の食事とともに綴《つづ》られています。

当たり前に生きている人々が、当たり前の権利が持てる社会にしていかなければならないはずです。

制服が選べるように

ただ、僕はみなさんの世代には期待をしています。なぜなら、**ジェンダー**に関する意識や、平等に関する感覚は、圧倒的に進んでいるからです。

中学校や高校でも、制服を自分で選べるようにしている学校は増えています。みなさんの同級生にもスカートで通っている男子や、ズボンをはいている女子がいたかもしれません。

そして、見た目の性別と違う制服を着ている同級生に対して、みなさんはそれほど強い拒絶反応をしなかったのではないでしょうか？　そこは上の世代と違うところです。

みなさんもご存じのアニメ『プリキュア』。２０２３年に20周年を迎えました。観ていた方もいるでしょう。

新シリーズ『ひろがるスカイ！プリキュア』に、メインキャラクターとしては初めて男の子プリキュアが登場しました。このアニメを観て育つ子どもたちは、教えられなくてもジェンダーに関する高い意識を持つことができるでしょう。

3 障害と医療について考える〈体外受精・遺伝子診断・優生思想〉

障害は社会のなかにある

ここでは、遺伝子診断などに関わるテーマを扱いますが、まず、それらと関係の深い障害についての話をします。その内容をふまえ、**体外受精**や**遺伝子診断**の話に入ります。

まずは障害についてです。

その人が持つ障害に目を向けるというのは、実は古い考え方です。どういう意味か？

現在は、障害そのものを治す（改善する）という治療モデルの考え方から、**障害のある人が持っている残存能力を生かす**考え方へ変化しています。具体的に言うと、右手が使えないなら、残された左手の機能を生かすという考え方です。

それに加えて、**潜在能力を引き出す**ことが大切です。

障害とは直接関係のない能力に目を向けていく。障害の部分にフォーカスするのではなく、**障害を持つ人の人間全体を見る**ということです。

『五体不満足』（講談社）の乙武洋匡《おとたけひろただ》氏の活躍を見ていると、その大切さを感じます。

メガネをしている人は障害者？

社会が変わることで、障害の概念が変わることがあります。

たとえば、メガネです。僕の友人は視力が0・03未満で、メガネやコンタクトレンズがなかったなら日常生活もままなりません。知らない街に行ったら、どこに何があるかわからないので、よく見えないと怖いでしょうし、長年住んでいる街でも自転車に乗ったら危ないでしょう。

家の中でさえ「どうしよう、どうしよう。メガネが見つからない」と焦っていることがよくあります。

洗面台とか居間とか、何箇所かにメガネが置いてあります。「なんでこんなにメガネがいっぱいあるのだろう?」と思ったのですが、「メガネをなくすと、メガネが捜せないから」と言うのです。なるほどそうかと思いました。

0・03未満の視力は、狩猟採集の縄文時代では、致命的な障害です。イノシシが自分に向かって走っていてもわからないわけですから。

しかし現代では、社会生活を送るのにほとんど困ることはありません。**メガネとコンタクトレンズが安く手に入るから**です。

つまり、**社会が変われば、障害者ではなくなる**のです。

もちろん、社会を変えたとしても、克服することが難しい障害、重い障害を持っている人もいます。そのことは決して忘れてはなりません。

医学の進歩は100%「善」か?

社会が変われば障害が減る、というお話をした直後ですが、実はそんな単純な話ではないのも事実です。

医学は、病気を治療したり、障害をケアしたりすることによって、人々の寿命を延ばしてきました。また、病気や障害を抱えたまま、QOL（クオリティ・オブ・ライフ　生活の質）を維持したりすることが可能になりました。これはプラスの側面です。

しかし、結果として病気や障害を抱えた人、とくにそうした高齢者を増やした、という側面もあります。つまり医学の進歩には、このような矛盾、「光と影」があることも忘れてはなりません。

「好ましい遺伝子を選ぶ」ことは正しいのか？

近年、**遺伝子診断**が盛んになってきました。

体外受精をする際、**遺伝子診断**をして染色体に異常があった場合、その受精卵は使われることはありません。

これは突き詰めて考えると、この受精卵は**「生まれるべきではない」**と判断されたことになります。現在は、受精する前の卵子での検査もできるようになりましたが、いずれにせよ**「好ましい遺伝子を選ぶ」**という**優生思想**につながる考え方になってしまうのです。

第一子に障害があり、第二子を生みたいというカップルがいたとします。第一子の障害が遺伝性で、出生前診断でわかる場合、検査をすれば、その障害のない第二子を持つことができます。高い確率で、遺伝病を発症することがわかっている場合、**遺伝子診断は家族の助け**になります。

障害の可能性があったらどうするのか？

一方で、遺伝子診断をするということは、「第一子の持つ障害を第二子では積極的に避ける」ということです。そのため、第一子を否定したことになると悩む親御さんもいます。この葛藤はとても大きなものです。

先天性異常があるかどうかを検査する出生前診断に臨む人もいます。その中には「お腹にいる赤ちゃんに障害がある可能性」を指摘されたことで、**妊娠期間中に落ち込んでしまったり、鬱になってしまったりする**人がいるそうです。

生まれてきた赤ちゃんにはなんの障害もなかったのに、お母さんが鬱になって子育てができないというケースもあります。こうなると、診断自体が必要だったのか？という疑問が湧いてきます。

出生前診断には、エコーでの検査も含まれます。

「おちんちん見えましたー」

わが子の姿を見ることができる、とても幸せな時間です。

ただ、性別だけでなく、**障害があるとわかる可能性**があります。手足がない、頭蓋骨の中に脳がないなどがわかることがあるのです。

わが子のエコーの場面に立ち会った人、数人にも話を聞きました。しかし事前に、エコーによる診断で障害が見つかる可能性がある、とは説明されなかったようです。

説明を受けずにエコーを見て、障害があることがわかったらどうするか？　もし当事者になったら、どういう判断をするのか？　と考えたことがあります。

事前に障害が見つかる可能性があるという説明を受けたら、**エコー検査を受けて障害があるとわかっても告知は受けない（知らせないようにしてもらう）**、という選択をするかもしれません。

検査の前のカウンセリング

母体から採取した血液の検査で、ダウン症の有無がわかる**新型出生前診断**（ＮＩＰＴ）があります。お母さんから採取した血液で、胎児の染色体の数の異常がわかります。その精度は99％と言われています。かなりの高い確率で診断が可能な検査です。

現在では、この検査を受ける前に遺伝カウンセリングを行い、「ダウン症かどうかが高い確率でわかる」と納得してもらった上で検査を行っています。

さらに、陽性が出た人に対して、ダウン症の子どもを育てている親と一緒にワークショップをするなどのフォローも行っています。ダウン症のお子さんを育てている家族と接することが目的です。

ダウン症の子は、**とても優しい子が多いので、家族の仲がいい**という側面を、そのような活動の中で見られるわけです。

新型出生前診断で陽性が出ると、９割の人が中絶を選ぶと言います。

一方、このようなフォローを受けると、検査受検をやめるという結果が出ています。

事前の説明は必須

大切なのは、検査を受ける前にしっかりとした知識を得ることです。その上で、検査を受けるか受けないかを判断する。

僕の知り合いにも、兄弟がダウン症という人がいます。

その人は**「出生前診断でわかったので、家族が準備できたからよかった」**と言っていました。その一方で、鬱になってしまう人もいるのも事実です。

検査を受けることで、自分がどのような気持ちになるのか？　まずはこのことを真剣に考えることが必要です。

「知っておいたほうがいいのか？」
「知らないほうがいいのか？」

障害があることを、事前に知るか、知らないでいるか。

それは人によって判断が異なります。

障害が、生まれる前にわかる世の中だからこそ、「知る」ということに対して、もっと敏感になる必要があるでしょう。

4 文化に優劣はない〈多文化主義・文化相対主義〉

すべての文化は平等

文化がテーマとなる場合、鉄板パターンは、日本と海外との対比です。しかし、それ以外のパターンもおさえておくことが大切です。以下、文化がテーマになった場合に扱われる、いくつかのパターンについて触れます。

まずお話しするのは、**多文化主義**（マルチ・カルチュラリズム）です。多文化主義は、**自国の文化と移民の文化の軋轢《あつれき》**や、**マジョリティ（多数派）文化の中におけるマイノリティ（少数派）文化の復権**として語られます。

たとえば、日本におけるアイヌ文化（マイノリティ文化）などがこれに当たります。

文化相対主義は、「**すべての文化は平等である**」という考え方です。文化に優劣はない、ということです。たとえば、文字を持つ文化のほうが持たない文化より優れている、という考え方を否定します。**文化に序列はない**ということです。

広島カープは単なる球団ではない

日本文化のなかでも至るところに違いがあります。

たとえば、プロ野球です。具体的には、広島市の市民の球団（厳密に言うと、自動車メーカーのマツダ関連の株主が多い）である、広島東洋カープ（以下、広島カープ）。広島市、もしくは、広島県で広島カープを批判すると、地元の人からとても嫌がられます。それはなぜか？　広島カープは単なる「広島の球団」ではないからです。

広島カープは戦後、街中に募金用の鍋を置いて、人々が募金をして立ち上げていった球団です。原爆で荒廃した都市の復興の象徴でもありました。つまり、市民のなかで、**広島カープは戦争の記憶とつながっている**のです。

広島や長崎の人々は、原爆で大変な被害を受けただけでなく、差別されることもありました。被曝《ひばく》しているから、また、被曝している可能性があるから結婚を断られる。このような事例が数多く存在します。

もしかしたら、日本から見捨てられたという気持ちもそこにあったのではないでしょうか。それが政府中央としての東京、対東京という意識へとつながったのかもしれません。広島市民が「広島カープvs.読売ジャイアンツ」に熱を入れるのは、このような背景があると考えることができます。

豚肉とさしみ

僕にはイスラム教徒の友だちが多くいます。

彼らは、豚肉を絶対に食べません。理由は「コーラン（イスラム教の聖典）に書いてあるから」です。コーランが成立した時代、もしかすると、豚肉を避けなければいけない理由があったのかもしれません。現代になるとその当時の理由は見えなくなっています。しかし、**食べても問題がないということは理屈ではわかっていても、イスラム教徒は豚肉を口にしない**のです。

食に関していえば、日本人がさしみを食べることに対して疑問を持つ人たちもいます。生食文化がない地域の人にとっては、「生で食べるなんて信じられない！」というわけです。現在では、寿司が世界に広がったおかげでそういった反応は少なくなったようです。しかし、**「生食している日本人は悪魔だ」**という時代がありました。

これを食べる、これは食べないというのは、その土地の文化です。その地域なりの理由や合理性から生まれたものです。保存技術や衛生環境が整った現代では、もしかするとその合理性はすでに失われているかもしれません。しかしそれは、文化として残っています。その習慣の背景には、**文化があり歴史がある**のです。そのことを理解する、もしくは、理解しようとすることが大切です。

文化に優劣はありません。文化相対主義というのは、食文化のような身近なところからも考えることができるということを覚えておいてください。

イタリア人はいつも女性を口説いているのか？

有名な沈没船のエスニックジョークがあります。

沈没し始めた豪華客船には、世界各国の乗客がいました。しかし、救助用のボートの数はわずか。船長は乗客を海に飛び込ませるために、なんと言ったでしょうか？

アメリカ人には「飛び込めば、あなたはヒーローになれます」。
イギリス人には「ジェントルマンなら、飛び込みます」。
ロシア人には「海にウォッカのビンが流れています」。
フランス人には「海には決して飛び込んではなりません」。
イタリア人には「さっき美女が飛び込みましたよ」。
中国人には「海にはおいしそうな魚が泳いでいます」。
ドイツ人には「ルールですので飛び込んでください」。
日本人には「もうみんな飛び込みましたよ」。

・

エスニックジョークは、時に文化的なタブーに抵触することがあるので注意が必要ですが、このジョークはなるほどと思わせられるものです。
しかし、イタリア人は本当にそれほど美女好きなのでしょうか？　もちろんそんなことはないわけです。おとなしいアメリカ人もいます。ウォッカを飲まないロシア人もいます。一人飛び込まない日本人だっているでしょう。

その国や地域に行ったことがなかったり、住んでいる人や暮らしている人と接触したことがなかったりすると、それらの国や地域の文化に対し、**勝手な思い込みや、極めて単純化された固定観念が先行**しがちです。

紹介したエスニックジョークは、国民性をわかりやすく表現しています。しかし一方、思い込みや固定観念、つまり、ステレオタイプな情報を植えつけます。このようなステレオタイプな情報や考え方は、文化を理解する際の障害となります。**ステレオタイプの考え方に自分が染まっていないか？**　と振り返ることは大切です。

アメリカの地方はとても保守的

たとえばアメリカのある地域。そこで暮らす人々はとても保守的です。深い信仰心を持っており、毎週末教会に行き、その集落の中で一生を過ごす。このような人がたくさんいます。ヨーロッパにも同様の地域があります。このような、人の移動や交流のない地域には、**その地域特有の文化が生まれやすくなる**はずです。

日本も40年ほど前までは、都市部と地方には大きな差がありました。『北の国から』という家族ドラマがあります。１９８０年代に放映されたシリーズでは、主人公が住む北海道と、東京を対比するように描く場面が多くあります。たとえば、東京から遊びに来た男の子がパソコンを使っているのを見て、主人公が焦ってしまうなどです。現在は、そのような差はほとんどありません。都市部でも地方でも、子どもたちは同じゲームで遊んでいます。

地域の違い、国の違い、時代の違い、都市部と地方の違い。

多文化主義や文化相対主義というのは、大きくまとめるなら、世の中にはいろいろな文化を持つ人がいて、多様な文化の中で生きている。

しかし、それぞれの文化に優劣はないということです。

自分が所属する文化を基準に、相手の文化を判断するのではなく、どうつき合っていくかを考えることが必要とされています。

第三章に登場したキーワードのまとめ

ジェンダー(gender)

社会的、文化的につくられた男女の差のこと。日本においても、100年前と現在のジェンダー観は大きく変わっている。しかし、その変化に制度が追いついていない場合がある。「選択的夫婦別姓」が認められない問題はその一つ。

ジェンダーギャップ指数(Gender Gap Index：GGI)

日本がこの指数を落としているのは、「経済」と「政治」。女性が政治家になるためのハードルは高い。解決のための運動が「FIFTYS PROJECT」。政治分野のジェンダーギャップの解消のために、女性の地方議員を増やす運動を展開している。2023年4月の統一地方選挙では、立候補者29名のうち24名が当選した。

LGBTQ（エルジービーティーキュー）

日本では法整備が大幅に遅れている。「LGBT差別禁止法」「LGBT理解増進法」も2023年4月現在成立していない。同性婚が認められていないのは、G7（先進7カ国財務相中央銀行総裁会議）（150ページ）の中で日本だけ。

体外受精・遺伝子診断・優生思想

命を医療や科学の力で操作できる時代になった。そのため、遺伝子における選別など、新たな問題や課題が生まれた。望ましい遺伝子を持つ子どもを手に入れたいという思いは、「優生思想」という遺伝的素質を優先する思想につながることがある。

多文化主義・文化相対主義

私たちは多様な文化の中で生きている。そしてそれぞれの文化に優劣はない。自分が所属する文化を基準に、相手の文化を判断してはならないことを意識する必要がある。

異文化理解はどんな場面でも必要なのです
フムフム

関連キーワード解説

性的指向・性自認

「性的指向」は、好きになる対象（男性・女性・両方・誰もいないなど）、「性自認」は自分の性をどう思うか（女性と思う、男性と思う、どちらとも思わないなど）を指す言葉。

G7（Group of Seven）

「先進7カ国財務相中央銀行総裁会議」のこと。アメリカ、イギリス、フランス、ドイツ、イタリア、カナダ、日本が参加している。

ステレオタイプ

行動や発想が型にはまっていること。思い込みに支配されていること。ある特定の社会の中で共有されたイメージで、過度に単純化されていることが多い。

第四章

グローバリゼーション

政治、経済のみならず、
文化、身近な日常にもグローバル化を感じます。
グローバル社会では、どのような問題が生じているのかを理解しましょう。

第四章に登場するキーワード

国際化・グローバリゼーション・ナショナリズム

国際化とグローバリゼーションは、ある物事や視点、視野が地球規模に広がりを持つことでは共通している。しかし、国際化はあくまで国境を前提とした国家間の関係として捉えられるが、グローバリゼーションは、国や地域の枠から外れて、ヒト・モノ・カネ・情報が行き来する状況を指す。

ナショナリズムは、自分の国・民族の独立・統一を求める考え方やその運動。民族主義。自国を優先し、自国第一という立場をとる。共同体としての国家を極端に重視する。

外国人技能実習制度

開発途上地域等の外国人を技能、技術または知識の修得を目的に「技能実習生」として受け入れる制度。実習生の出身地域の経済的発展のための人づくりを行うという意味で、国際協力を目的として創設された。実態は「現代の奴隷制度」と呼ばれ、人権侵害の温床であると指摘されている。

開発援助

先進国による、開発途上国への開発に対する援助のこと。国際協力とほぼ同じ意味で使われる。途上国の経済や社会の発展、国民の福祉向上や民生の安定を目的としている。

SDGs(Sustainable Development Goals)

17の環境や開発に関する国際目標。「持続可能な開発目標」と訳される。持続的な生活を営むために、地球環境や気候変動の問題の解決をめざす。すべての国や地域が対象。17の目標は以下の通り。

1　貧困をなくそう
2　飢餓をゼロに
3　すべての人に健康と福祉を
4　質の高い教育をみんなに
5　ジェンダー平等を実現しよう
6　安全な水とトイレを世界中に
7　エネルギーをみんなに　そしてクリーンに
8　働きがいも経済成長も
9　産業と技術革新の基盤をつくろう
10　人や国の不平等をなくそう
11　住み続けられるまちづくりを
12　つくる責任　つかう責任
13　気候変動に具体的な対策を
14　海の豊かさを守ろう
15　陸の豊かさも守ろう

16　平和と公正をすべての人に
17　パートナーシップで目標を達成しよう

ライフサイクルアセスメント(Life Cycle Assessment)

商品が環境に与える影響を、資源の採取から、製造、輸送、使用、廃棄までの各過程ごとに評価する方法。全体として環境負荷を定量的に考える。国際標準化機構（ISO）が国際的なガイドラインを策定しているため、日本の企業でも取り入れられている。

1 〈国際化・グローバリゼーション・ナショナリズム〉

進むグローバリゼーション

もはや国境はない？

ここでは、**国際化・グローバリゼーション**と**ナショナリズム**についてのお話をします。これらを一緒に扱うのには理由があります。これらは切っても切れない関係だからです。まずは、国際化について説明します。

国際化は、一般的に使われる言葉となっています。念のため、意味を確認します。国際化とは、**ある物事が国際的な規模に広がること**を意味します。

また、国を超えた視野や観点で考えたり話したりできることでもあります。一国の枠組みを超えた関係で捉えられるということです。

似ているようでちょっと違うのが**グローバリゼーション**です。

ヒト・モノ・カネ・情報が、国境などの境界に関係なく、世界中を行ったり来たりするのがグローバリゼーションです。

みなさんが生まれたときには、すでにインターネットが普及していたので、逆にピンと来ないかもしれません。僕が学生の頃は、海外の友人と電話するのには高いお金を払わなければなりませんでしたし、手紙だと往復で何週間もかかりました。会いにいくとなると大変なお金と時間が必要でした。

現在のように、瞬時に地球上でさまざまなモノが行き来するようになったのは、本当に最近のことなのです。

グローバリゼーションとナショナリズムの相関関係

グローバリゼーションが進んだ社会をグローバル社会と言います。

国の枠組みを超えて、世界がつながるようになったことによって、国が開かれ住みやすい社会になったでしょうか？　残念ながらそうとはなっていない面もあります。

実はグローバリゼーションに伴い、**ナショナリズム**が広がりました。ナショナリズムとは何か？　簡単に言うと**「自分の国・民族の独立・統一を求める考え方や運動」**

です。**民族主義**と呼ばれることもあります。自国第一と主張する立場です。

グローバリゼーションによって国境は開かれました。しかし、意識としての国境が根強く残っています。もしかすると国境が開かれたがゆえに、**自国民としての意識をしっかりと保たなければならない**という、無意識の圧力を感じているかもしれません。つまり、グローバリゼーションが進めば進むほどナショナリズムも広がる正の相関なのです。

陸続きの国々では、さらにその不安は強いでしょう。日本は島国ですし、日本語という共通言語を用いて社会が動いています。しかし、そうではない国は多くあります。隣国との接点が増えれば増えるほど、「自国とは?」という問いが人々に浮かんでくるのです。

ワールドカップとナショナリズム

ナショナリズムは、戦争においてのみ見られるわけではありません。

たとえばワールドカップ。ふだんはサッカーにまったく興味のない人が、ワールドカップのときだけ日本代表のユニフォームを身にまとい、日本が勝つと渋谷で大はしゃぎ。大はしゃぎで済めばいいのですが、警察が出動する騒ぎに発展することもあります。つまり、サッカーが好き、野球が好き云々《うんぬん》ではなく、「日本人＝日本を応援」といった極めて単純な構図になるのです。

もちろん、サッカーの国際試合を楽しみたい、という人もいますし、そのことを否定するつもりはまったくありません。僕が言いたいのは、ワールドカップという国際大会で、**ナショナリズムを垣間見ることができる**、ということです。

自分の国を応援するのは当たり前。ほとんどの人がそう思っています。

ハーフ（ダブル）の人には、「どっちを応援するの？」と聞いたりします。どこを応援してもいいですよね？　対戦相手国を応援しようものなら、非難されかねない勢いもあります。

このような窮屈な状況は、ナショナリズムの一つの側面なのです。

グローバリゼーションはアメリカナイゼーション

グローバリゼーションは、本当にグローバリゼーションなのでしょうか？　どういうことか？

現在「グローバリゼーション」で語られているものは、アメリカナイゼーション（アメリカ化）にすぎないのではないかと私は感じます。

アメリカは世界中の文化に多大な影響を与えています。

みなさんもご自身の生活を見直してみてください。

iPhoneを使って、Googleを利用し、マクドナルドでハンバーガーを食べて、英語を習っている。「グローバリゼーション＝アメリカナイゼーション」ではありませんか？

もしかすると、**ナショナリズム**は、このような強烈なアメリカナイゼーションに対する抵抗の側面もあるのかもしれません。

2 外国人の人権を考えよう
〈外国人技能実習制度〉

低賃金で働く技能実習生

自国以外で就労する人を外国人労働者と言います。みなさんが外国で就労すれば、みなさん自身が外国人労働者です。

日本で合法的に就労することができる外国人は、おもに以下の通りです。

- 永住者や日本人の配偶者
- 専門的・技術分野での就労（大学教授など）
- 途上国への技術協力を目的とした「技能実習生」
- 特定活動（外交官の調理人など）
- 留学生のアルバイト

このなかで大きな問題になっているのが、**技能実習生**です。

技能実習生を受け入れるための法律があります。「外国人の技能実習の適正な実施及び技能実習生の保護に関する法律」（以下、技能実習法）です。

技能実習法によると、技能実習生は「就労しながら技術などを学ぶ」という目的で日本に来ます。もしくは、「来ることになっています」。

しかし実際には、**安い賃金で都合よく働かされている人が多い**のが現状です。日本は移民を認めていませんが、労働力が足りないため、このようなあいまいな法律をつくって、労働力を海外から引っ張ってきているのです。

人権が守られていない技能実習生

技能実習生の**人権**はないがしろにされています。

ベトナム人技能実習生のレー・ティ・トゥイ・リンさんも、その一人です。リンさんは、２０１８年に19歳で来日。家計を助けるために、日本の農家で働くことを希望してのことです。

手続きの費用としてベトナムで約１５０万円の借金をしていたために、毎月のベトナムへの送金は10万円ほど。

そんななか、2020年に妊娠が発覚。

帰国させられるかもしれないと恐れたリンさんは、黙って働き続けました。そしてその年の11月に自分の部屋で双子を死産してしまいます。

だれにも助けを求めることができず、遺体をタオルでくるみ手紙を入れて、段ボール箱に安置したリンさん。その行為が「死体遺棄」であるとして起訴されることになりました。2022年1月に福岡高等裁判所は、リンさんに有罪判決を下しています。

リンさんは記者会見で「もし裁判官が、私や他の技能実習生が、どれほど苦しみ、雇用主や監理団体をどれほどこわがり、恐れているかを理解していたら、結果は違ったと思います」と発言しています。弁護側は、無罪を主張して最高裁判所へ上告しました。

2023年3月、最高裁判所は、リンさんに無罪判決を言い渡しました。

リンさんは、判決後の記者会見でこのように語っています。

「私と同様に、妊娠して悩んでいる技能実習生や女性らの苦しみを理解し、このような女性は、捕まえたり、有罪として刑罰を加えるのではなく、相談でき、安心して出産できるような環境に保護される社会に日本が変わってほしいと願います」

現代における奴隷制度とも言われる技能実習制度。

日本では32万人以上がその制度のもとで働いています。技能実習生は、みなさんと同じ10代も含め20代、30代の人が多いことも知っておきましょう。

現在、この制度について議論が活発化しています。この本を執筆している時点では結論は出ていません。みなさん自身で、この制度の議論の展開を追ってみてください。

日本から飛び出す若者たち

2023年2月にNHKの『クローズアップ現代』という番組において「安いニッポンから海外出稼ぎへ――稼げる国を目指す若者たち――」という特集が組まれました。

賃金の上がらない日本を飛び出し、海外に働き場所を見つける若者が増えている、という内容のものです。

この番組では、1日6時間、オーストラリアの農場で働く男性の月収が50万円ほど（歩合制・シーズン平均）と紹介されていました。

アルバイトをしたことのある人であれば、この金額に驚くかもしれません。日本では時給1000円くらいが相場です。

1日6時間、週5日働いたとしても、月に12万円です。海外に職を求める若者が続くのも納得がいきます。

日本では長い間賃金が上がっていないだけでなく、物価上昇や、急激な円安の影響で、日本で稼いだ「円」そのものの価値が下がっています。

そのため、日本人にとっても、日本で働く外国人にとっても、**日本は魅力的な国ではなくなっている**のです。

外国人も日本人も、賃金が安すぎて働けない国。それが今の日本なのです。

移民に仕事を奪われる？

移民が多いヨーロッパの国々では、「移民 対 現地の人たち」という対立が起こっています。その対立が発展し、**移民排斥運動**が増えています。

移民として自国に来た人が安い賃金で働くと、**自国の人の雇用機会が奪われてしまう**ことなどが、排斥運動の背景にあります。

もちろん、差別の問題もあります。私たちの中にも、差別意識はあります。肌の色で相手を判断してしまうことはないでしょうか？　プラスの印象を持つ言語と、そうではない言語があるのではないでしょうか？

外国人への無意識の差別

日本における差別の現状を数字で見てみましょう。

「東京弁護士会外国人の権利に関する委員会」が行った「2021年度外国にルーツをもつ人に対する職務質問（レイシャルプロファイリング）に関するアンケート調査」

です。

レイシャルプロファイリングとは、警察などの治安当局が、人種的偏見に基づいて職務質問をするなど、不審者を特定する差別的な行為を意味します。約2100人の外国にルーツを持つ人が、このアンケートに回答しました。

その中で、過去5年ほどの間に「職務質問を受けた経験がある」という人は、回答者の62・9%。そのうちの72・7%の人が複数回にわたり職務質問を受けていました。

ルーツで分類すると、以下の通りです（一部抜粋）。

ヨーロッパ60・4%
北アメリカ59・7%
北東アジア50・0%
東南アジア57・7%
中南米83・5%
南アジア70・6%
アフリカ82・9%

オセアニア74・6%
中東75・6%
ミックスルーツ68・5%

報告書では**「『黒人だからレイシャルプロファイリングを受けて白人は受けない』というステレオタイプよりも、一般的に『外国人』だと『みなされた場合』にレイシャルプロファイリングを受けやすい傾向にあるのではないか」**との見解を示しています。

この結果は、日本人の中に、漠然とした、または、無意識の「外国人」への差別が存在していることを示しているのかもしれません。

中国と韓国への差別意識はどこから来るのか？

日本の中で最も根深いのは、中国や韓国に対する差別意識です。

明治維新後の日本は、韓国を併合し、中国と戦争を行いました。その時代を生きた日本人は、朝鮮半島の人々、中国の人々を見下し、差別する意識を強く持っていました。戦後も、在日韓国・朝鮮人や、日本に帰化した人への差別は続きました。現在もその差別意識が一部で続いているのです。

また、別の理由もあるでしょう。その理由の一つは、**「日本が弱くなったこと」**です。日本が強かった時代は「金持ち喧嘩《けんか》せず」で、鷹揚《おうよう》にかまえていることができました。

しかし、日本が貧しくなったために、中国人や韓国人の金持ちに対して**嫉妬《しっと》混じりの差別意識を感じてしまう**のです。

そういった意味では、若い人の中にはあまり差別意識はないのかもしれません。みなさんの中には、韓国のエンタメが好きな方も多いと思います。

あこがれから入った世代は、かつての日本にあった、そして今も続いている差別意識とは無縁でしょう。

コンビニの店員は外国人

外国からの労働者が減り、日本の若者が海外に流出してしまう。そうなると、移民の受け入れについて、本格的に議論が始まるでしょう。

当たり前のように海外の人と暮らす日は、もしかすると、そう遠くはないかもしれません。

実際、移民という形でなくても、日本には外国人がたくさん住んでいます。

2022年末現在、中長期在留者数は279万人以上、特別永住者数は約29万人です。おおよそ**308万人の在留外国人**が日本で暮らしています。

これは、横浜市の人口よりも少なく、大阪市のそれよりも多いくらいの人数です。

そして彼らの労働力なくしては、日本経済は回りません。

コンビニエンスストア、飲食店、家電量販店では、外国人の店員の方と接する機会が多い、というか、ほぼ当たり前になってきていますね。

「言わなくてもわかる」から「言わなきゃわからない」へ

このように、当たり前のように外国人と生活するようになると、実は問題も出てきます。これは**文化の衝突**であると捉えることもできます。

ある知人は、「同じマンションに住む外国人が、段ボール箱を潰さずに捨てるから困る」と言っていました。段ボール箱は潰して捨てる、そうしないと、だれかが潰さないといけなくなります。**「これって当たり前でしょ？　言わなくてもわかるでしょ？」**と思うかもしれません。

しかし、**日本での当たり前が、他の国では当たり前ではない**ことはたくさんあります。「ゴミ捨てのルール」などの細かいところは、日本人が特に気になってしまう部分かもしれません。

日本人だけで暮らしているなら、このような「ルール」は、**なんとなくみんながやっているから言わなくてもわかること**、として、捉えられるかもしれません。

この「言わなくてもわかる」社会は、とてもラクです。みなが同じ社会通念で生きているので、改めて「ルール」をつくる必要もありません。日本人はこれまで、このようなラクな社会で生きていた、と言えるかもしれません。

しかし、外国人と一緒に暮らす社会になれば、話は変わってきます。前提が違うからです。つまり、**言わなきゃわからない**のです。

この当たり前の感覚の違いを、一緒になって乗り越えていく努力が双方の側に必要とされることになるのです。

大切なのは、自分が合わせてみようと思うこと

日本人同士でも、似たようなことは日々起こっています。

僕は大阪生まれ、広島育ちです。大学進学のため、18歳のときに上京しました。当時のことを振り返ると、まるで「移民」のような感じでした。東京に来た当初は「東京の人は冷たい」と感じました。そして、疎外感も抱きました。

ですが、次第にわかりました。東京の人が冷たいのではなく、ただ単に、**東京と大阪では、コミュニケーションの取り方が違う**、ということでした。また、使っている言葉のイントネーションや単語も違う（いわゆる共通語）ため、冷たい印象を持ってしまった、というのも原因でした。このことに気づけたのは幸いでした。

また、周りの関西圏以外の出身者が、僕のコミュニケーションの取り方（関西風、とでも言いましょうか）を、面白がってくれました。つまり、**僕が育った「文化」に寄り添ってくれた**わけです。結果、大学ではたくさん友だちができました。

みなさんが海外に行けば、「自分は外国人である」ということを強烈に意識する瞬間があります。留学だけでなく、それは旅行でも同じです。そのような感覚を、日本に住む外国人は日々感じています。もしかしたら、僕のように疎外感を抱く瞬間も多いでしょう。僕は日本人で、日本国内ですらそう感じたのですから、外国人はなおさらでしょう。

コンビニで働く外国人を見かけたら、**「自分が外国のコンビニで働くことになったら」**と想像してみましょう。

そういった想像力を働かせることができれば、自分の対応を変えることができるはずです。うまく伝わらなければ、ゆっくり話す。イライラせずに待つ。難しいことではありません。

「相手が合わせるのが当たり前」ではなく、**「自分が合わせてみよう」**。考え方を少しシフトするだけで、ずっと住みやすい社会になるはずです。

3 世界中の問題を知る〈貧困・飢餓・紛争・戦争〉

貧困と紛争は切っても切れない関係

ここでは、**SDGs**そのものを扱うのではなく、SDGsで解決をめざしている個々の問題を扱います。まずは、**貧困・飢餓・紛争・戦争**です。

世界銀行によれば、貧困率は1990年の36%から、2015年の10%にまで改善しています。

10%は7億3400万人です。減っているとはいえ、この世の中の**10人に一人がまともに食べられない**世界に私たちは生きているのです。そのなかには貧困を通り越して、飢餓に至る人もいます。

そのような地域に多いのが、紛争です。

アフリカは内戦が多く、それは貧しさゆえ、という部分があります。お金のために争うわけです。**人は思想ではなく利権で争い**ます。第二次世界大戦までは、人々は石油の利権を争って戦ってきました。

今後、何をめぐって争うかといえば、食料や水ではないかと思います。とくに水。水で戦争が起こる可能性があります。

たとえば、2020年、エチオピアで青ナイル川にグランド・エチオピアン・ルネサンス・ダムの貯水を始めました。

ナイル川は、北東アフリカの農業と経済に欠かせない存在です。下流へ流れる水量の減少を死活問題と判断したエジプトとスーダンは、ダムの建設に反対してきました。この問題は、国家間の摩擦の原因となっており、紛争にエスカレートする恐れがあると言われています。

戦争の影響を受けている

私たちも、戦争の影響を受けました。

2022年2月に始まった、ロシア軍によるウクライナへの軍事侵攻です。この戦争も間接的に日本での生活に影響を及ぼしました。「電気代が上がった」「食費がかさむ」などといった話を耳にするかもしれません。

また、スーパーなどで売っている食料品や日用品なども断続的に値上げしています。値上げしていない商品も実は中身が減っている、という事実上の値上げもあります。いつも買っていたお菓子が小さくなっていることもあるでしょう。

ロシアは資源大国です。

天然ガス、原油、石炭などの輸出額は世界の中で上位を占めています。戦争によってロシアからの原油の供給が滞ると、それがガソリン価格を押し上げます。ガソリンは石油製品の一つだからです。また、火力発電には天然ガスや石炭がおもに使われます。そのため、電気代も高くなるのです。

ガソリン代が高くなれば、輸送コストに影響が出ます。電気代が高くなれば、工場、倉庫、店舗など製造から管理、販売まで供給網全体に影響します。

ブラジル産の鶏肉も、冷凍、運搬、販売とあらゆるところでガソリン代や電気代がかかっています。そのため、販売されるときには、数百円の値上げや数百グラムの容量削減となってしまうのです。

そのため「ガソリンが高くなっても、車に乗らないから関係ない」なんていう話ではありません。原油や天然ガス、石炭の価格が高くなって困るのは、石油化学製品だけでなく、あらゆる物の値段が上がるからです。とくに**生活に直結する食品に関しては、一般の家庭に深刻な打撃**を与えます。

ペットボトルのジュースの値段が上がったのはなぜか？　いつものクッキーが２割くらい小さい気がするのはなぜか？　そこには世界で起こっている紛争が関係しているかもしれません。

身近な値上げから、考えるクセをつけましょう。

自分には無関係？　いいえ、関係があります

グローバル社会というのはこのように、局地的なできごとや、自分には関係がないように思えるできごとに無関係ではいられない社会です。むしろ、影響を受け合う社会なのです。「鎖国」時代とは違い、遠くの戦争が私たちの食卓を変えてしまいます。

とくに日本は、食料自給率の低い国です。農林水産省が公表している２０２１年度の食料自給率によれば、カロリーベースの食料自給率は38％です。

戦争や災害など何らかの理由で海外から食料の輸入がいっさいできなくなったとしたら？　お腹いっぱい食べるどころか、**満足に食べることができない未来**が来てしまうかもしれません。

食べ物があふれている日本。お腹いっぱい食べられる日本。それは外国からの輸入によって支えられています。世界の国々と協力しながらでなければ、**十分な食料を確保することができない国**に私たちは生きているのです。

4 〈開発援助〉開発途上国への援助を考えよう

開発途上国の開発を支援するために、政府、国際機関、NGO、民間企業など、さまざまな組織や団体が経済協力を行っています。

なかでも政府が行うものを、**政府開発援助**（ODA）と言います。開発途上国の経済や社会の発展、国民の福祉向上や民生の安定に協力するために行われる政府または政府の実施機関が提供する資金や技術協力を意味します。

ただし、こうした開発援助には注意すべきことがあります。先進国で暮らす私たちの価値観や常識で考えてはいけないということです。

具体的に説明しましょう。

バナナを栽培する理由を知っていますか?

バナナは朝ごはん代わりにもなる優秀なくだものです。くだものの中でも手頃な値段で買うことができます。バナナの最大の生産国はインドですが、日本はフィリピンから多くを輸入しています。

せっかく土地があるのなら、バナナではなくもっと値段の高い作物を植えればいい。バナナに限りませんが、そのような考え方をする人は一定数います。儲けるために、もっと値段の高い作物を栽培すべき。たしかに合理的な考え方かもしれません。

では、なぜ、バナナをつくり続けるのでしょうか? 値段の高い作物をつくる技術がないから、バナナをつくり続けるのでしょうか? いいえ、実は、バナナをつくり続けるのには理由があるのです。

その最大の理由は、**「バナナを植えると土地がやせない」**ことです。

また、バナナの草は**水を精製する役割**も果たしています。バナナのジュースは安全に飲むことができます。とくに、きれいな飲み水が手に入りにくい地域では、バナナは大事な作物なのです。

その土地の人がバナナを育てるには、合理的な理由があるのです。それは、きれいな水が周りにある日本人には気づかない合理性です。

私たちは相手側の理由を知ろうともせずに、自らが持つ「合理性」で語ります。「もうちょっとお金になるものを植えたら、車が買える」と相手にもっともらしく説明する。そして一定数の人が、「そうなのか」と、その話にのってしまいます。

バナナの栽培をやめて、違う作物を植えた途端、土地はやせ、バナナジュースを飲むこともできなくなる。豊かになるどころか、ずっと貧しくなってしまう可能性すらあるのです。

よかれと思って言ったこと、やったことが、相手にとっては迷惑以外の何ものでもない。ふだんの人間関係においてもあり得ることです。相手のことを知ろうとしないことが原因です。

相手のことを何も知らないくせに、自分はこうしてきた、だからこうしたほうがいい、と「アドバイス」する。相手のことを知った上でなら、発展的な関係が築けるでしょう。しかし、**相手の事情を知らずにそうするなら、おおむね失敗**に終わります。

これは人間関係だけでなく、国と国の関係でもまったく同じです。自国の文化の合理性を、他国に押しつけてはいけないのです。

相手にとって本当に必要なことを考える

合理性の押しつけの例。

ソマリアの干ばつで飢餓が起こったときのことです。

生まれたばかりの赤ちゃんの死亡を防ぐために、ある援助団体、企業、国が哺乳瓶と粉ミルクを送りました。しかし、そのために乳児死亡率はかえって上がってしまったのです。それはなぜか？

そもそも粉ミルクを哺乳瓶を使って与えるという習慣がないために、哺乳瓶を煮沸消毒するという習慣もありませんでした。

使用した哺乳瓶には、菌やウイルスが付着しています。煮沸して消毒しなければ、菌やウイルスはそのまま哺乳瓶に残ってしまいます。また、粉ミルクには母乳に含まれるような感染症予防のための免疫成分がないことに加え、ミルクをつくるためのきれいな水が手に入らないということもありました。

もちろん、善意による援助であることは間違いありません。しかし、相手の状況を分析することなく、自分たちの合理性（この場合は、粉ミルクがあれば乳児の飢餓を防ぐことができる）を、（おそらく無意識で）押しつける。これは、**文化相対主義**（141ページ）**に反する考え方**です。相手には相手の状況があり、理屈があります。

自分たちの「文化」が、相手よりも優っていると思い、とくに事情も知ろうとせずに「援助」をする。結果は、援助どころか破壊につながる。これは本当におそろしいことです。

相手には相手の合理性があります。このことを、何よりも先に考えることができるかどうか？　これができるか、できないかが、**文化の違う相手と一緒に生きていくことができるかどうかの分かれ目**となるのです。

5 〈SDGs（Sustainable Development Goals）〉SDGsを知っていますか？

環境への関連

では、ここまでの話をふまえ、**SDGs**そのものについて考えましょう。

簡単にまとめておくと、SDGsとは環境や開発に関する17の国際目標です。日本では「持続可能な開発目標」と訳されています。「貧困や飢餓の根絶」「質の高い教育の実現」「女性の社会進出の促進」など17の目標にはさまざまありますが、大なり小なり環境に関連しています。

主体はだれ？

大切なのは「この問題を解決するのはだれか？」ということです。

「だれひとり取り残さない」というSDGsのスローガンを達成するためには、社会全体で取り組みを進めなければなりません。

主体は、**国際社会や国、自治体、地域社会、NPO、ボランティア、町内会、学校、個人**とさまざまです。それぞれの主体が、「どのようなことをすべきか?」を考える必要があります。「とにかくがんばろう」ではダメ、ということです。

二酸化炭素の排出量を下げるために、化石燃料を減らす。その際、国ができること、地域ができること、個人ができることは違います。それぞれに何ができるのか。

それぞれの目標に関連性がある

また、**SDGs**の取り組み事例を見て、それぞれの目標に関連性があることも知っておくべきでしょう。

たとえば、「1　貧困をなくそう」を主目標とする事例のうち、33%の事例が「3　すべての人に健康と福祉を」「17　パートナーシップで目標を達成しよう」をそれぞれ副目標に設定しています。

同様に、67%の事例が「4　質の高い教育をみんなに」を副目標にしているのです(スマートシティ企画「スマートシティニュース」参照)。

6 〈ライフサイクルアセスメント〉モノの一生における環境負荷を評価する

ペットボトルのリサイクルは環境に悪い？

エコと言われていることが、本当にエコか？　と考えたことはあるでしょうか？

SDGsには17の国際目標がありますが、そのなかで筆頭に挙げられるのは環境問題です。この環境問題を解決するための考え方の一つに、**ライフサイクルアセスメント**があります。

ライフサイクルアセスメントとは、商品が環境に与える影響を、資源の採取から、製造、輸送、使用、廃棄までを各工程ごとに評価する方法です。この工程の一部だけで環境問題を考えるのではなく、工程全体を見た上で、全体の環境負荷を考えましょうということです。

たとえば、実は、現段階では**ペットボトルはリサイクルをしても、CO_2排出を4割程度しか下げられません。**理念としては、リサイクルは正しいのですが、もっと環境負荷の低い方法もあるのです。

たとえば、スイスでは、もっと厚みのあるペットボトルにして、リユースをしています。8回くらい使うそうです。昔のビールや牛乳瓶のイメージですね。また、紙パックのほうが排出するCO_2が少ないとも言われています。

ライフサイクルアセスメントに沿って考えると、「ペットボトルはリサイクル！」という一般的に常識になっていることも、実は別のやり方のほうが環境負荷を低く抑えられるかもしれない、ということがわかるのです。

「割りばしは環境に悪い」は本当か？

割りばしが「悪者」にされた時期がありました。

国内産の割りばしは、建築用材などの端材・残材や間伐材からつくられています。

間伐材とは、ある一定数の木を大きく育てるために、人工林から取り除かれる木材のことです。

間伐材は、木を育てるために捨てられるものです。つまり、**間伐材からつくられている割りばしを使うことは、「木を大切に」に反することにはならない**のです。

科学的に考えればわかることを無視して、雰囲気に流されてしまう。これは「環境ファシズム」と言えます。

僕は生徒のみなさんには、「疑いましょう」ということを繰り返し伝えています。当たり前に「いい」とされているもの、当たり前に「悪い」とされているものを、一度、疑ってみてください。

少し突っ込んで考えてみると、新たに見えてくるものがあります。これは、よい小論文を書く際にとても大切な視点です。当たり前を疑い、合格する小論文を書くトレーニングとしましょう。

第四章に登場したキーワードのまとめ

国際化・グローバリゼーション・ナショナリズム

グローバル化が進んだことで、かえって自国などを優先するナショナリズムが広まっている側面がある。隣国や海外との接点が増えるほど、「自国」をしっかりと保たなければならないという意識が生じている可能性がある。

外国人技能実習制度

「就労しながら技術などを学ぶ」という目的で日本に来た技能実習生が、安い賃金で働かされている。人権侵害の温床として問題になっていたこの制度は、２０２３年４月に政府の有識者会議によって廃止の提言がなされた。制度が見直される意義は大きいが、新たな制度が同じ轍《てつ》を踏まないように注意深くチェックしていく必要がある。

開発援助

政府が行う開発援助は「政府開発援助（ＯＤＡ）」と呼ばれる。本来は途上国の生活基盤の改善や人材育成を目的に行われる。しかし時に、相手国の事情を無視したものになったり、軍事目的に転用されたりすることがある。

SDGs(Sustainable Development Goals)

ＳＤＧｓに配慮しているとアピールしながら、実態が伴っていなかったり、ＳＤＧｓに逆行する取り組みをしたりしている組織がある。見せかけだけのＳＤＧｓを行うこのような行いは「ＳＤＧｓウォッシュ」と呼ばれる。

ライフサイクルアセスメント(Life Cycle Assessment)

商品が環境に与える影響を、全体の環境負荷を通じて考える方法。これは本当に環境にいいのか、と疑う姿勢が必要とされている。環境保全を「ファッション」として消費するのではなく、本当に環境にいいのかどうかを見極める力が必要。

SDGs

グローバル化に伴うさまざまな問題について考えよう!

関連キーワード解説

レイシャルプロファイリング

肌の色や髪型などの外見を、ある特定の国や地域と結びつけて、治安当局が不審者を特定する差別行為。「犯罪者だ」「薬物を売っている」など、人種的な偏見に基づいて判断すること。

貧困率

生きるための最低限の収入を得られない人の割合を示すのが「絶対的貧困率」。所得が国民の中央値の半分に満たない人の割合を示すのが「相対的貧困率」。日本における貧困線（貧困の境界となる金額）は127万円（2018年）。親の収入が月10万円で家族全員が生活するイメージ。

食料自給率

国内で生産され、供給される食料の割合。米、大豆など品目別に自給率を重量から算出するのが「品目別自給率」。自給率をカロリーの比率で計算するのが「供給熱量自給率」。

第五章

教育現場・教育制度

とくに、教育学部をめざす人は、
教育についてある程度知っておく必要があります。
教育の現場で生じていること、
制度がもたらしている状況について学びましょう。

第五章に登場するキーワード

ゆとり教育

１９７０年代から言及されていたが、１９９０年代に議論が本格化。実施は、２０００年代から。授業時間、内容ともに削減された。しかし、基礎学力の低下に対する批判が起こり、わずか10年ほどで終了となった。

PISA (Programme for International Student Assessment)

経済協力開発機構（ＯＥＣＤ）が中心となって、３年ごとに15歳３か月〜16歳２か月の子を対象に実施する学習到達度調査。読解力、数学的リテラシー、科学的リテラシーを図る。２０１８年に発表された日本の結果は、読解力が15位、数学的リテラシーが６位、科学的リテラシーが５位。

いじめ防止対策推進法

２０１３年９月施行。物理的、身体的な苦痛を与えるいじめだけでなく、ネット上でのいじめも禁止する。犯罪行為に当たる場合は、警察への通報も義務付けられた。対象の児童・生徒が、心身の苦痛を感じたら、いじめと定義される。学校や教職員には、いじめを防ぎ、早期発見し、いじめがあった場合には対応する責任と義務が課せられている。

学級崩壊

学級がうまく機能しない状況。そのクラスの子どもたちが、教室内で勝手な行動をするなどして、教師の指導に従わず授業が成立しない状況や、集団教育という学校の機能が成立しない状態が一定期間継続した場合、学級崩壊と言う。

不登校

登校しない、あるいはできない状態。文部科学省の調査では、「児童・生徒が、病気や経済的理由を除いて、何らかの心理的、情緒的、身体的、あるいは社会的要因・背景により、登校しないあるいはしたくともできず、年間30日以上欠席した状況にあること」を不登校の定義としている。２０２１（令和３）年度の小・中学校の不登校児童・生徒の数は24万４９４０人で過去最多（２１４ページ）。

小学校の英語教育

２０２０年度から小学校では、３年生から外国語（主に英語）の活動・授業が行われている。３、４年生では、外国語活動として「聞く・話す」を通じて言語に慣れ親しむことを目標とする。また、５、６年生では、「読む・書く」も加え、教科として基礎的な「知識・技能」の習得を目標としている。

アクティブ・ラーニング（Active Learning）

一方的な講義ではなく、学ぶ者の能動的参加を取り入れた学習のこと。そうした学びによって、学ぶ者の汎用的能力を育成する。

例としては、グループワーク、グループディスカッション、ディベートなどが挙げられる。

ICT教育

ＩＣＴとは「Information and Communication Technology」の略。「情報通信技術」を意味する。この「情報通信技術」を利用した教育を、ＩＣＴ教育と言う。

具体的には、デジタル教科書やＡＩ教材の使用、インターネットでの調べ学習、参考動画の視聴、資料などの情報共有、アニメーションでの問題解説など。

1 〈ゆとり教育・PISA〉ゆとり教育と学力

ゆとり教育はいつ始まった？

ゆとり教育を受けた世代をまとめて「ゆとり世代」と言うことがあります。1987～2004年頃に生まれた人が該当します。

実は、ゆとり教育というのはもっと前から始まっています。1970年代にはすでに、「学習する内容が多すぎるので減らそう」という気運がありました。

実際、**教科書は薄く**なりました。**授業時間も減り**ました。学校はだんだんと「ゆとり」に向かっていきました。

ゆとり教育が行われた背景には、勉強についていけない子どもの存在や、**受験戦争への反動**がありました。高校進学率が上がったことも、理由の一つです。

１９５０年に4割超だった高校進学率は、１９７０年代に男女ともに9割を達成しました。２０２１年度は98・9％となっています（学校基本調査）。ほとんどの子どもが高校へ進学するようになったのです。

これは世界で見ても、とても高い数字です。それに伴い大学進学率も上がっています。４年制大学に約55％の人が進学しています（２０２１年）。

PISAの結果に一喜一憂

２００２年度から、改訂された新しい教育課程がスタートしました。

教科書にもさまざまな変化がありましたが、とくに問題視されたのが円周率。学習指導要領に改訂前からあった「目的に応じて3・１４ではなく3を用いて処理」という箇所が、「ゆとり教育」のはじまりとあいまって、円周率を3と学習することになったと誤解され、物議をかもしました。これらの教材で教育を受けた世代は、**揶揄《やゆ》されるように「ゆとり世代」と呼ばれる**ようになったのです。

ゆとり教育は、どちらかというとマイナスの文脈で語られています。

その理由の一つが、**ＰＩＳＡ**の点数です。ＰＩＳＡは経済協力開発機構（ＯＥＣＤ）を中心にして行われている調査です。３年ごとに15歳３か月から16歳２か月までの子どもを対象に行われています。学習の到達度をはかるテストで、「読解力」「数学的リテラシー」「科学的リテラシー」が調査されます。

本格的なゆとり教育が始まってからのＰＩＳＡの成績を追っていくと、２０００年に１位だった数学的リテラシーは、２００３年には６位、２００６年には10位と続落。科学的リテラシーも、２位↓２位↓６位。読解力は８位↓14位↓15位。これらの結果は関係者に大きなショックを与えました。

学力低下は社会問題にまでなり、２０１１年度には、改訂された学習指導要領が実施されることとなりました。**ゆとり教育**は終わりを告げたのです。そのため、**小学校６年間で授業時間は２５０時間以上、中学校３年間で１００時間以上増える**こととなりました。

ただ、僕個人の意見としては、ＰＩＳＡの点数に一喜一憂する必要はないと思っています。みなさんはどう思いますか？

学力重視なのに一般入試が減少？

いわゆる、ゆとり教育をやめて、従来型の教育が復活した一方で、入試改革が進められています。

その一つの例として、（この本の読者のみなさんが受験をするであろう）**総合型選抜（旧AO入試）や、学校推薦型選抜（旧推薦入試）による入学者の増加**があります。

ペーパー試験、つまり、一般選抜（旧一般選抜）ではなく、志望理由書などの書類、面接、小論文などの試験により、受験生の経験や能力を総合的に判断する形式の入試です。

現在、大学入学者の約半数が、この形式の入試により大学生になっています。私立文系では、6割に届いています。文部科学省は、全体で6割までもっていきたいようです。

学力低下の批判を受けて、「筆記試験で生きる学力を上げる」という方向に教育現場は変わりました。

しかし入試は、「学力以外で判断する」という方向へと向かっている。僕はここに、チグハグさを感じています。このような入試改革を進めるなら、「ゆとり」のままでよかったのではないか。

僕の前著でもお伝えしたのですが、僕は総合型選抜、学校推薦型選抜という入試制度には賛成です。だからこそ、このシリーズの著者として本を書いています。

この入試は、一般選抜では知ることができない、受験生本人の魅力を伝えることが可能です。僕のこのようなスタンスゆえ、チグハグさを感じているのかもしれません。


2023年2月、石川県のある私立高校の入試結果がニュースになりました。併願推薦入試の合格者のうち、併願受験せず進学を決めた生徒が多かったため、一般枠を縮小した結果、一般入試の受験生の7割以上が不合格となりました。

筆記試験で生きる学力をつける教育を受けた生徒が合格できないという矛盾が、実際に起こっているのです。

2 〈いじめ防止対策推進法〉いじめと教育について考えよう

いじめの構図は時代で変わる

教育系の小論文には、**いじめ**がテーマの問題がよく出題されます。なぜか？　それは、将来先生になる若者がどのような考えを持っているかを問うためです。あなたのクラスでいじめがあったら、どのように対応しますか？　そういったことが問われているのです。

いじめがテーマになる場合は、自分の経験を書く人も多いです。いじめた経験、いじめられた経験。そのとき、どのような対応をしたのか。どのような感情を持ったのか。そのようなことを考えます。このような内容は、小論文としては有効な書き方です。

もちろん正解はありませんし、模範解答もありません。**自分に何ができるのかを、突き詰めて考える必要があるテーマ**です。

まずおさえておきたい前提知識は、いじめの時代による変化です。いじめが社会問題化したのは、1980〜90年代です。時代の変化によって、いじめの構図も変化していきます。

たとえば、かつてはクラスに「番長」的な存在（ボスのようなイメージです）がいて、その番長を筆頭にいじめが行われていました。

番長に気に入られたら安心。嫌われたらいじめられる。先生もだれが番長かはわかっていますから、**いじめは目に見えるもの**でした。

番長ににらまれた生徒を、ほかの生徒がいじめる構図です。

その後、クラスから番長という存在は消えました。それに伴い、いじめがなくなったか？　そんなことはありませんでした。番長がいなくなると、いじめが、外からは見えにくい構図へと変化します。外部の人からは、**だれがいじめられているかがわからない**のです。

最初にいじめをしていた生徒が、後からいじめられる側になる。順番でいじめられる。**いつ、どのようなタイミングで自分がいじめられるかわからない**のが特徴です。

この状況は今も続いています。

見えにくさが加速している

SNSの登場により、いじめの見えにくさは加速しました。

たとえばLINEによるいじめ。既読スルーだけでなく、本当は読んでいるのに既読がつかないようにする。言葉により相手を傷つける直接的な方法だけでなく、間接的にダメージを与える。つまり、**精神的に相手を追いつめるいじめ**が増えているのです。

法律でのいじめの定義

ある程度の暴力性を伴うものは、だれの目から見てもわかるため、いじめとして定義されやすいものです。

しかし、いじめの主体が見えない、見つけられないいじめは、定義が難しい側面があります。

集団での無視も同じです。

法律におけるいじめの定義は、**「相手が心身の苦痛を感じたら、いじめ」**というものです。これは、セクハラやパワハラと同じです。

ですから、暴力を伴わなくても、いじめがないように見えても、**「いじめられてつらい」と感じる子どもがいる時点で、いじめは存在する**のです。

いじめはれっきとした犯罪

「いじめは犯罪か?」という問いかけも、一つのテーマになります。

中学生の**いじめ**による自殺をきっかけに定められたのが、2013年に施行された、**いじめ防止対策推進法**です。この法律では、暴力のみならず、**心理的な攻撃やインターネット上のいじめ**も含んでいます。また、いじめが犯罪行為に当たる場合は**警

察と連携することが示されています。

ある程度の暴力性を伴ったいじめがあった場合、それを警察に委ねるべきか。みなさんはどう思いますか？　ちょっと考えてみてください。

僕は、教育に警察が入るのは原則的にはマズいと考えています。教育は、権力に批判的でないといけません。権力と関係のないところにいるから、教育に意味があるのです。教育が政府のプロパガンダになってはいけない、というのが大前提です。

戦前の教育がそうでしたよね。「お国のために死ぬ」という教育をされていたわけですから。その反省が今の教育にはあるわけです。ですから、警察という権力を学校に入れることは、極力避けなければならないというのが僕の考えです。

ただし、度を越したいじめは、その限りではありません。明らかに犯罪であると判断される場合は、警察の介入も止むを得ないでしょう。

したがって、どの時点で警察の介入を求めるのか、その判断が重要ですし、難しい判断だと言えます。

●教育とは権力に批判的なもの

いじめとは直接関係がないテーマですが、学校の現場で働く教員、教育者、さらには、大学の研究者の立場について触れます。

教育は「権力に批判的である」ということが大切です。

権力が間違った方向に進んだら、教育はそれを批判する立場にあるからです。

教職員組合の連合体である日本教職員組合（日教組）は、ある程度、**リベラルな立場で活動**を行っています。本来、教育者はリベラルでなければいけません。

とくに研究者は、**あらゆる権力から解放された立場で研究**しなければ、意味がありません。権力と無関係でなければ、政府に命令された研究をしなければならなくなります。費用対効果も求められることになります。そうなると、すぐに成果の現れない研究や、将来へつながる基礎的な研究は、おろそかになっていくでしょう。

日本学術会議の独立性の危機

最近では、日本学術会議の独立性が脅かされていることが問題となっています。日本学術会議は、人文・社会科学を含めたすべての科学者の代表機関です。第二次世界大戦への反省から、**政府への勧告や答申もその活動**に含まれています。政府が戦争に向かうときに、その取り組みに加担することなく、戦争を止めるための働きがこの組織には求められています。

現在政府は、学術会議への介入を強めています。2020年10月には、菅義偉《すがよしひで》首相（当時）が、6人の会員候補者の任命を拒否しました。

また、会員選考に「第三者」を参画させることで、人事介入をめざしています。学術会議が独立性を失うことは、**研究者の自由な研究が阻害される**ことを意味します。もちろん、学術会議にもさまざまな短所があります。しかし、これから大学進学するみなさんにとっては、重大な問題です。過去の記事を調べてみてはどうでしょうか。

3 〈学級崩壊〉学級崩壊と教員の対応

教室は「舞台」

学級崩壊とは、学校において、授業が成立しない状態を意味します。具体的には、児童・生徒が授業中に着席せずに立ち歩く、私語が多い、先生の指示に従わないなどの状態が一定期間続き、担任の先生が解決できない状態を言います。

学級崩壊の原因は何でしょうか？　もちろん、さまざまな要因がありますが、その一つに、**先生の権威低下**が挙げられます。

もちろん、先生に問題がある場合もあるでしょう。しかしかつては、経験の浅い先生であっても「立派な先生」を演じている部分がありました。

児童・生徒も、「先生を尊敬している児童・生徒」を演じていました（心の中でどう思っているかは別として)。

その舞台には親も脇役として参加していました。「学校の先生の言うことは聞け!」と子どもに言っていましたから。先生にも「悪いことをしたら殴ってください」と言う親が一定数いました。

このように、**「みんなで教室という舞台をつくる」という共通認識**のもとで成り立っていたのが学校の教室です。

学級崩壊の原因は何?

学級崩壊は児童・生徒に原因があるのでしょうか? また、その親に原因があるのでしょうか?

親が、「あの先生はダメだ」と言うと、当然子どもは「あ、あの先生、ダメなんだ」と思います。親が先生のことをバカにすれば、子どもはますます先生の言うことを聞かなくなります。

結果は言うまでもありません。学級は成立しなくなります。だれも先生の言うことを聞かないからです。
「じゃあ、学級崩壊は、先生のことを悪く言う、児童・生徒、保護者に原因があるんだね」と言えるかというと、そのような単純な問題でもありません。

実は、子どもの変化に対応できなかった先生が**学級崩壊というレッテルを貼る**というケースがあります。

その証拠に、学級崩壊が起こったクラスの担任が変わると、授業が正常に戻ることがあります。

学級崩壊から立て直す先生は、**実に巧みなクラス運営**をします。
おしゃべりをやめない子にあえて役割を与えたり、フラフラしている子をリーダーにしたりして、クラスをまとめていきます。「これがあのクラスか?」というくらい変わることがあります。
現在は、先生の力量が問われる時代、と言えるでしょう。

児童・生徒一人ひとりを見る先生

僕も、小学校4年生のときに荒れたことがありました。ちょっとしたことで、懲罰を与える担任の先生のやり方、考え方と、僕の感じ方、考え方が合わなかったことが原因だったようです。その先生の言うことは聞きたくない、と主張していました。

それが5年生になってから、変わりました。「お前はこの役をやれ」と無理矢理いろいろなことを僕にさせる先生に変わったからです。

先生は「お前ならできる」と、よく言ってくれました。

先生と児童・生徒、どちらも人間です。当然、相性があります。もちろん、それは大前提です。しかし、僕の5年生のときの担任の先生は、**自分が受け持ったクラスの児童一人ひとりに合った指導方法や話し方をしてくれていた**ことは間違いありません。

繰り返しますが、先生の力量が問われる時代になったと言えるでしょう。

4 〈不登校〉不登校と学校の多様化

不登校は過去最多の数字

不登校の子どもは増えています。

文部科学省の「児童生徒の問題行動・不登校等生徒指導上の諸課題に関する調査」によると、２０２１（令和３）年度の小・中学校の不登校児童・生徒の数は24万４９４０人で過去最多でした。

数字を見ると、不登校の子は決して少なくないことがわかります。

しかし、少なくない数字なのに、世の中的には大きな問題として認識されなくなってきています。もちろん「どうしても学校に行かなければ」と悩んでいる本人や保護者はいるでしょう。

ただ一方で、**「行かなくてもいい」という判断をする家庭**も一定数あります。嫌ならむしろ行かないほうがいい。現在は、そう考える人が少しずつ増えてきたことが、この数字から推測できるかもしれません。

高校が変化している

不登校に対する、世の中の捉え方が変わるとともに、高校での学び方にも変化が見えてきました。その一つとして挙げられるのが、通信制の高校の増加です。

通信制の高校は、ふだんは家で勉強して、年に何回かのスクーリング（登校日）がある、というのが一般的なイメージでしょう。

しかし現在は、通信制の高校の選択肢が増えました。「週5日」通える学校もあります。

また、定時制高校のオプションも増えました。

これまでは、授業時間は夜だけ、というのが一般的でしたが、朝、昼、夕方から始まる3部制の定時制高校がスタートしています。

これまでの学習内容の遅れを取り戻せるようにカリキュラムを組んでいる学校もあります。

これは、「どうしても学校に行かなければならない」と考える人が減ったことで、新たなオプションが提示されるようになった、と考えることもできます。

言い換えると、**学校に行かなくても勉強はできる、ということが「バレてしまった」**のかもしれません。

また、新型コロナウイルスの影響によって本格的に始まったオンライン授業。「勉強はオンラインでできる」「むしろオンラインのほうがはかどる」と感じた生徒が増えたことも、新しいオプションの可能性を顕在化させ、多様な高校のあり方を加速させたのかもしれません。

さまざまな特色を持った学校が増えた

このように、通信制の高校を中心に選択肢が増えた理由は、**株式会社による学校設置**が認められたことです。

私立の通信制高校の数自体が増えたことに加え、さまざまな特色を持つ学校も出てきました。自分に合った学校を選ぶことができるため、通信制の高校への進学数も右肩上がりで増えています。

ですが、学校選びには注意が必要、ということも覚えておく必要があります。

私立の通信制高校は玉石混淆《ぎょくせきこんこう》です。通信制の高校に限らず、制度開始時は、「よいもの」に加え、「そうでないもの」も乱立し、次第に「そうでないもの」が淘汰《とうた》され、「よいもの」が残ります。

通信制であっても、定時制であっても、学校選びの基本は、自分の人生設計と言うと大げさかもしれませんが、**高校卒業後はどうするのか？　その先は？　という長期的な視点を持って選ぶこと**なのです。

5 〈小学校の英語教育〉小学生から英語を始める

英語嫌いの小学生が増えた？

2020年度から小学校で英語が教科化され、**早期英語教育**が本格的にスタートしました。

新英語教育研究会の柏村みね子氏の分析によると、小学校への英語導入以降、学ぶ内容が増え、難易度も上がっているといいます。現在小学生は、600〜700語の単語を習います。

中学校3年間で学ぶ単語は、これまでの1200語程度から、1600〜1800語に増加。小学校と合わせると、ほぼ倍の英単語を中学校卒業までに習うことになったといいます。しかも小学校で習った単語は「既出語」として扱われます。

柏村氏は**「工夫をするにも限度があり、英語嫌いを増やす恐れがある」**という現場からの声を示しています。

小学校で英語をスタートしたがために、英語嫌いが増える。そんな現実に直面しているのが、現在の早期英語教育です。

日本の**早期英語教育は、問題山積というのが実情**なのです。

なぜ英語を学ぶのか？

無理矢理やれと言われれば嫌だと思うのは、子どもだけでなく、大人も同じです。

そもそもの話、早期英語教育の目的、つまり、ゴールはどこにあるのでしょうか？

目的がなければ人は動けません。ゴールがわからなければ嫌になるし、あきらめてしまうでしょう。早期英語教育に問題があるとすれば、このゴールのあいまいさに原因がある気がします。

もちろん、文部科学省が定めている学習指導要領では、きちんとゴールが設定されています（そのゴールの説明は、ここでは割愛します）。

しかし、英語教育のゴールは人それぞれ、というのが現実です。

大学入試などの試験に受かることがゴールと捉えている人もいれば、海外の人たちとコミュニケーションをとれるようになることがゴールと考えている人もいます。つまり、**英語を学ぶ理由は何なのか？　という、教える側と教わる側の共通認識をつくることができないままスタート**していることが、今の早期英語教育の問題点なのかもしれません。

大学における研究では英語は必須

ここでお伝えしたいのは、研究機関としての大学の存在です。大学は、半分は「教育機関」で、もう半分は「研究機関」です。ん？　英語の話なのに、なぜ、突然研究機関とか言い出すのか？　と思った人もいるでしょう。

実は、英語教育のゴールの一つは、この、大学における研究という「補助線」を引くと見えてきます。このゴールは、英語を「読む」「書く」ことと関係があります。

とくに理系分野において、大学で最先端のテクノロジーの研究を行うためには、**世界中の研究者が発表している論文などの文献を読んで、理解する必要**があります。

それらの論文は、ほぼ英語で書かれています。つまり、大学での研究には英語で読む力が必須なのです。

論文を読むにはリーディング力が必要です。それに加え、自らの研究成果を発信するためには論文を書く必要があります。書く力、つまり、ライティング力も必要です。

研究機関としての大学の存在は、早期英語教育の問題に、一つの答えを提示できるでしょう。

もちろん、答えはこれ一つだけではありません。繰り返しになりますが、大切なポイントは、**英語教育のゴールをどこに据えるか?** なのです。

大切なのはどうしても伝えたいという気持ち

では、「話す」ことをゴールにしたとしましょう。

実際、現在の小学校からの英語教育は、話す力＝スピーキング力の向上もゴールに据えられています。この場合、英語でコミュニケーションがとれることがゴールです。

あくまで僕の意見ですが、話すことがゴールなら、英語を受験教科から外せばいいと思っています。**受験から外して、楽しく学べばいい**のです。その根拠になったのが、僕が見た小学校の授業です。

とある機会があり、マインクラフト（サバイバル生活を楽しんだり、自由にブロックを配置し建築などを楽しんだりするゲーム）を使った小学校の授業を拝見しました。海外の小学生とオンラインでゲームをする。日本の子どもたちは、相手、つまり海外の小学生に説明をしたいので、「先生、この形のやつ英語でなんて言うの？」と質問をしてきます。このように目的があれば、強制されなくても英語を話そう、単語を覚えようとするものです。**要は必要かどうか**、ということです。

話す必要があれば、話せるようになります。自分が絶対に成し遂げたいと思うことに英語が不可欠なら、何が何でも話します。

たとえば、英語だけを話す彼氏や彼女がいる人。**好きだから、話したいから、口説きたいから、英語が必要**になる。そのモチベーションに勝るものはありません。だから、あっという間に、めちゃくちゃ話せるようになります。

早期英語教育のゴール、つまり、目的は何なのか？　本当に英語は必要か？　というところから掘り下げて考えてみてください。

6 〈アクティブ・ラーニング〉授業のあり方が変化している

問題解決型の授業

授業は、イスに座って先生の話を静かに聞くもの。日本における一般的な授業風景です。

一方、**アクティブ・ラーニング**は、双方向型の授業が主になります。**体験学習やグループ討論、調査研究などを指します。現在の学習指導要領では、「探究的な学習」が近い授業形態**です。

探究的な学習（高校では「総合的な探究」の時間）は、教科の垣根を超えた学びです。自分の身の回りにある問題を見つけ、調査し、情報を集めます。そしてそれらの情報をもとに、解決方法を探します。そのサイクルを発展的に繰り返すことで**問題解**

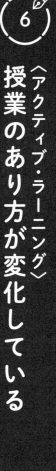

決に結びつける学習です。

グループでの活動を通じて意見を出し合ったり、協力し合うプロセスを学んだりするなど、これまでの受け身の授業では学べない体験型の学習プロセスが特徴です。

ただ、問題点もあります。

うまく指導できる先生が極めて少ないのが現状です。**マニュアルのない学習ですから、優秀なガイド役（=先生）が必要**とされます。

比較的新しい学び方である**アクティブ・ラーニング**。課題を克服することができれば、児童・生徒にとって、とても有意義な授業になるでしょう。

7 〈ICT教育〉パソコンやネットを利用した教育

コロナ禍で進んだICT教育

コロナ禍によって一気に進んだのが、**ICT教育**です。

学校に行けなくなったことで、ウェブ会議サービスであるZoomや、マイクロソフトが提供するコラボレーションツールのMicrosoft Teamsなどを使ったオンライン授業の導入が、一気に進みました。

ファイルを共有するだけでなく、オンラインの「ホワイトボード」を使って、みんなで書き込むこともできる。**遠隔で一緒に学ぶこともできるようになった**のです。

たとえばちょっとだけ具合が悪いとき、新型コロナウイルスの濃厚接触者となり（2023年5月、濃厚接触者を特定するなどの制度はなくなりました）、「元気だけど学校に行けない」場合でも、家で授業が受けられる。

また、テスト解説など、**一斉に行うほうが効率のいい授業はオンラインで行う**、といった工夫をしている学校もあります。

オンラインのメリットとリアルのメリット

学校に行かなくても授業が受けられるようになりましたが、100%オンラインに切り替えればいい、というのは極端な発想です。**オンラインの利点、リアルの利点はそれぞれ違う**からです。

オンラインのほうが効率がいいから、学校に行くのをやめてすべてオンラインにしたほうがいい、というのはおかしな話です。学校というリアルの場で体験をすることは、とても大切だからです。リアルでしかできないこともあります。年齢や状況によっては、集まったほうがいいのは確かです。

ただし小学生も、週に1日はリモートで授業を受ける日があってもいいでしょう。

たとえば、社会などの記憶することが多い教科は、むしろオンラインの授業のほうがわかりやすいこともあります。先生の板書よりも、図版やスライド、動画で学ぶほうが楽しく学べることもあるでしょう。

このように、「どっちか」ではなく「どっちも」です。**それぞれのメリットとデメリットを考え、事情に合った形で進めればいい**のです。

ただ、この流れは押し戻されるのではないかと、危惧しています。

実際、オンライン授業をすべて中止した高校や大学もあります。僕の考えではありますが、せっかくどこにいても学べる環境をつくれることがわかったのに、元に戻してしまうのは、とてももったいないことであり、残念なことです。

オンデマンドはうまくいかない？

オンライン授業は、ライブ配信とオンデマンド方式の二つに大別できます。

オンデマンド方式は、効率がいいです。

教師の立場からすれば、授業を撮り溜めしておけばいい。生徒の立場からすれば、いつでもどこでも好きなところから授業を受けることができます。

しかし、**オンデマンド方式はうまくいかない**ケースが多いことがわかってきました。

オンデマンド方式をやめた予備校もあります。生徒がちっとも授業動画を見ない、というのが理由です。生徒のモチベーション維持が課題ということです。

もちろん、オンデマンド方式すべてがダメ、ということではありません。オンデマンド方式で成立している予備校もあります。

その予備校は、見る場所を決めています。授業動画を見るための専用の教室に行かなければ授業が受けられない。おそらく、その空間に行くことで、授業を受ける姿勢や気持ちが整うのかもしれません。

また、モチベーション維持のための役がいたり、生徒自身が目的を持って積極的に取り組んだりしているケースもあります。

●ポイントは「拘束」

一方で、ライブ配信は生徒が定められた時間に参加するため、強制力が働く、という特徴があります。

ここからわかることは、生徒の集中力やモチベーションを維持するためのポイントは「拘束」だということです。**オンデマンド方式は場所で拘束する。ライブ配信は時間で拘束する。**「拘束」することで、それぞれのメリットを生かすことができるのです。

やはり、メリットとデメリットを確認した上で、使い分ける方法がよさそうです。

第五章に登場したキーワードのまとめ

ゆとり教育

ゆとり教育における学力低下の批判を受け、再び筆記試験ではかることができる学力が見直されるようになった。しかし実際の入試は、学力による試験ではなく、学校の日々の成績や小論文、面接で生徒を選抜する方向へと向かっている。

PISA（Programme for International Student Assessment）

文部科学省は２０２５年にスタートするＰＩＳＡの英語力の調査に「不参加」を決めた。文科省はその理由を「日本と比較しやすいアジアの参加国が少なく、有用なデータが限られるため」と説明している。

いじめ防止対策推進法

ＳＮＳの登場により、いじめが見えなくなっている。この法律では、暴力のみならず、心理的な攻撃やインターネット上のいじめも対象となっているが、「形にならない精神的な暴力」に対しては、定義が難しいという側面がある。

学級崩壊

先生を無条件で尊敬するという社会的な約束がなくなった今、教員の力量がますます問われるようになった。しかし教員のなり手が少なく、新人教員の育成に手が回らない、優秀な人材を採用できない、担任になる教員が足りないなどの問題が生じている。このような学校の環境が学級崩壊を引き起こす原因の一つとなっている。

不登校

不登校の子どもが多くなったために、社会の受け止め方も変化している。「学校に行かなくてもいい」とする保護者も増えている。通信制や単位制の高校が増えるなど、新たな学びの場がつくられるようになっている。

小学校の英語教育

２０２０年度から、小学校で英語が教科化された。早期英語教育において問題なのは、英語が嫌いになってしまう児童が増えること。小学校で英語が嫌いになった場合、中学校以降の英語学習に影響を与えかねない。

アクティブ・ラーニング(Active Learning)

「探求学習」もアクティブ・ラーニングの一つ。教科の垣根を超えた学びのこと。生徒は自分で問題を見つけることから、「探求」が始まる。これまでの受け身の授業では学べない、体験型の学習として注目されている。

ICT教育

コロナ禍で進んだＩＣＴを使用したオンライン授業。２０２３年5月、新型コロナウイルスの感染法上の位置づけが5類感染症に変更されたことで、減る可能性が高い。

新しい教育の形

関連キーワード解説

ゆとり世代

１９８７年から、２００４年頃までに生まれ、いわゆる「ゆとり教育」を受けた世代のこと。

セクハラ

セクシャルハラスメントの略。性的嫌がらせのこと。異性間、同性間を問わずに起こる。上司などが昇進や優遇を条件に，部下に対して性的関係を強要したり、外見に対して批判的なコメントをしたりするなど。

パワハラ

パワーハラスメントの略。立場が上にあるものや、権力を持ったものによる嫌がらせのこと。部下を怒鳴ったり、無理な要求をしたりすること。

日本学術会議

１９４９年設立の科学者の代表機関。人文科学部門、自然科学部門などから成る。科学に関する重要事項の審議や政府への答申、勧告も行う。

第六章

教育の課題

教育をめぐる状況には、
さまざまな問題が存在します。
将来教員をめざす人は、
確実に理解しておきましょう。

第六章に登場するキーワード

教育格差

家庭環境や貧困などによって、子どもが受けられる教育に格差が生まれること。学歴が賃金に影響を与える日本では、教育格差を通じて格差が固定されやすい。

指導力不足の教員

教員の指導力不足が問題となっている。その背景には、教員の不足と教員志望者の減少によって、十分な人材が確保できないという背景がある。免許を保有する教員がいないために、臨時免許の授与で対応したり、最悪の場合は、授業が実施できないことがある。

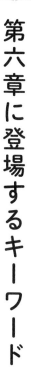

教員不足

教員不足は深刻な状況に陥っている。過度な残業、多すぎるペーパーワーク、多すぎるクラスの人数、保護者対応、部活動の指導、英語教育の変更。仕事は多すぎるのに、教員は足りない。心身を病む教員の多さも問題になっている。

モンスターペアレント（モンペ）

教育機関や教師に対して、常識の範囲を超えた要求を行ったり、理不尽な振る舞いをしたりする保護者のこと。繰り返しの連絡、恫喝《どうかつ》など、教師を悩ませている。

地域と学校の連携

2020年度に小学校から順次実施の新学習指導要領において、政府は社会と連携・協働しながら教育することを重視している。組織的に地域と学校がつながることをめざし、地域の人々が学校の活動に参加することを求めている。授業補助、ふるさと学習、キャリア教育支援、放課後子供教室、読み聞かせ活動などはその一環。

1 〈教育格差〉教育格差を解消するには

大学進学はお金がかかる

月10万円ほどの親の収入で家族全員が生活するようなイメージの**相対的貧困**に関しては105ページで説明をしました。日本では7人に一人の子どもがその状態に置かれています。

そして、貧困は見た目（その子が着ている服など）ではわからないという話もしました。多くの家庭が、同じファストファッションのようなお店で買い物をしているからです。

しかし、相対的貧困の家庭と、そうでない家庭の違いがはっきりするのが、大学進学です。貧困により教育機会の差が生じる、つまり、教育格差が生まれます。

受験にはお金がかかります。**塾の費用、テキスト代、受験代。私立大学に入学となると、大学受験から大学入学までの費用を払うことはさらに困難**です。

地方から東京の大学に進学するなら、それらに加えて、アパートの家賃や食費などの生活費もかかります。とにかくお金がかかるのが大学進学なのです。ですから進学をあきらめざるを得ない子どもも少なくありません。

教育格差から経済格差へ

日本は学歴社会です。

「令和3年賃金構造基本統計調査」を見てみましょう。

男女を合わせた学歴別賃金は、高校卒が27万1500円、専門学校卒が28万8400円、高専・短大卒が28万9200円、大学卒が35万9500円、大学院卒が45万4100円と、学歴が上がるにつれ、賃金も上がっていることがわかります。

教育機会に恵まれなかったために高い学歴を得ることができないと、将来の収入も低く抑えられてしまう可能性があります。

すると、**その家で育つ子どもも、教育費に回せるお金が限られるため教育機会が得られず、賃金が低い状況に陥る**可能性が高くなります。まさに負の連鎖です。**教育格差**が経済格差へとつながり、それが次の世代にも持ち越されてしまうのです。

みんなが同じ授業を受ける

日本は、教育の機会の平等に努めてきました。少なくとも、小学校、中学校は無料で教育を受けることができますし、高校も、保護者の経済的負担を減らすために、授業料など支援金が出る制度があります。高校への進学率は98%以上、ということで、高校もほぼ義務教育と言ってもいいほどです。

このように、**日本は世界の中でも高い教育水準が保たれている**と言えるでしょう。

しかし、課題や問題もあります。

「みんな」が教育を受けることができると同時に、「みんな」が同じ教育プログラム（カリキュラム）を受けます。

当然ながら、理解度や習熟度は、児童・生徒によってさまざまです。

理解度が違う児童・生徒に対して同じ授業をするのが今の学校です。全国で同じような教科書を使い、同じようなレベルの授業をする。一見、平等のようですが、そのレベルにうまくはまる子もいれば、そうでない子もいます。

学校の授業が難しすぎる、もしくは、簡単すぎる子のための選択肢が限られているのが現在の学校教育の課題です。

教育格差をなくす方法はない?

教育格差の解消はとても難しいです。ですが、方法がないわけではありません。即効性がある解決策は、**貧困世帯への国からの支援**でしょう。

現在、「高等教育の修学支援新制度」が実施され、世帯収入による制限はありますが、要件を満たした大学の無償化が行われています。たとえば、その無償化の範囲を広げ、大学まですべて無償化すれば、金銭的な問題で進学をあきらめる子どもは減るはずです。

もう一つは、無料塾など、**NPO**や**ボランティア**の行う活動に頼ることです。貧困世帯の子どもに向けて、無料の学習塾がすでに開かれていますが、自治体や企業が支援をし、こうした活動を広めていく必要があります。

また、オンラインの活用も有効でしょう。オンラインであれば、場所の確保や時間的制約がなくなるため、低料金で学習機会を提供することができるはずです。

しかし、実際、どのような方法が効果があるのかは、**国も含めて手探り状態**であるというのが現状です。国が支援するにも、**財源の問題を解決する必要**もあります。つまり、みなさんの世代においても解決すべき課題として残る可能性があります。

ぜひ、考えていただきたいと思います。

2 〈指導力不足教員・教員不足〉教員の質・量について考えよう

だれに教わったかが重要

好きな先生から教えてもらう教科・科目のテストの点数と、あまり好きじゃない先生が教える教科・科目のテストの点数に差はありますか？

人間なので、好き嫌いがあるのは仕方のないことです。**実際、教えてもらう先生によって、テストの結果が違ってくる**ことがあるでしょう。

先生との相性によって、身につく学力に違いが出るのは事実です。先生との相性がよければ、モチベーションが上がります。この先生の授業は聞いてみようという気持ちが起こります。ですから、教育においては、**「何を教わったか」ではなく、「だれに教わったか」**が重要なのです。

●「だれでもいい」から先生になってください

教員の**指導力不足**が叫ばれて久しいです。いまだに解決できていないというのが現実でしょう。教員の指導力不足は、教員の努力が足りないことが原因でしょうか？　そういう場合もあるでしょう。しかし、そのほかにも原因はたくさんあります。その一つが、**教員不足**です。

かつて、教師は人気職業でした。

先生になるために「受験よりも勉強した」という人もたくさんいました。しかし現在は、先生になりたい人が激減しています。そのため、極端な言い方をすれば、**やりたいという人であれば「だれでもいい」**という状態にまで陥《おちい》っている学校もあるのです。

先生がいない、だからとりあえず先生を集めよう、となれば、**適性のない人が先生になる「危険性」**があります。結果、指導力不足につながるのです。

教員不足を数字で確認しよう

School Voice Project が行った教員不足に関する調査、「教員不足の実態調査 報告（2022年）」の結果を確認してみましょう。回答が1070件集まった公立の小学校・中学校の「副校長・教頭向けアンケート調査」です。教員不足について、驚きの実態が見えてきます。

【教員不足が起きたときの対応（昨年度の状況）】

- **管理職が担任を兼務している**：小学校23・0％　中学校8・2％
- **免許を保有する教員がおらず、臨時免許の発行で対応している教科がある**：小学校8・7％　中学校26・9％
- **免許を保有する教員がおらず、授業が実施できない教科がある**：小学校5・6％　中学校19・4％

任意調査のため、困っている学校ほど回答した可能性はあります。しかし、とくに三つ目が衝撃的です。公立の学校で、教員不足が原因で授業が成立していない状況があるのです。次の質問の回答結果も見てみましょう。

人が足りないので、副校長や教頭は人を探さなければなりません。

【講師の質について、あなたの自治体のおおよその状況として、もっとも近いものを選んでください】

A：講師として適性のある人を評価し、採用できている

B：誰でもいいわけではないが、講師の質を評価して選んでいられる状況ではない

結果は、なんとなく予想はできますが、衝撃的な数字です。

「Bに近い」と「どちらかと言うと、Bに近い」で65%前後になっています。教員不足は、教員を「質」で選んでいられないほど逼迫《ひっぱく》した問題なのです。

教員の指導力不足は、教員の努力云々以前の問題です。まずは、先生になる人を探すところから解決しなければならないのです。

教員の指導力不足の解消は？

先生になる人を増やすためにはどうしたらいいでしょうか？

- **教員採用数を増やす**
- **部活動を地域に任せる**
- **非常勤講師を増やす**
- **教員採用試験の制限緩和**

などが解決策になるでしょう。

しかし、その前に、先生になりたいと思う人が増えなければいけません。先ほど見たように、先生は激務です。また、激務であることに加え、いわゆるブラックな仕事であることが世間での一般的なイメージですし、実際そのような側面があるでしょう。

現場で働く先生がTwitterなどで、先生の仕事の現状をツイートしていることがあります。その多くが、ムダが多い仕事内容、学校の古い体質など、旧態依然の職場環境についてです。

もちろん、それらがすべて事実かどうかわかりません。しかし、先生になりたい人が少ないのは事実です。

喫緊の対策が必要です。まずは、授業外の業務を合理化する必要があるでしょう。つまり、オンライン授業・ウェブ会議の導入、諸業務のデジタル化を推進し、可能な限り先生の負担を減らすべきです。

このような対策を少しずつ進めることで、先生になる人、なりたい人を増やします。なりたい人が増えれば、志がある先生、適性がある先生が増えるでしょう。結果、指導力不足を解消することにつながるのです。

3 家庭と学校の連携が重要
〈モンスターペアレント(モンペ)〉

モンスターペアレントの特徴

モンスターペアレントは、過度に自己中心的で、自身や子どもの利益ばかりを考えて無理な要求をしたり、権利ばかりを主張したりする保護者を意味します。また、病気やストレスなどが原因となり、非常識な態度を取る保護者も少なくありません。

具体的には、実際には生じていないことを、あたかも起こったことのように言いがかりをつけてきたり、なんでもかんでも学校に依存するなどの問題が生じています。

保護者が先生を尊敬できないのも一因?

先ほど挙げた教員不足という問題も、モンスターペアレントの問題と決して無関係ではありません。

先生が足りないので、児童・生徒一人ひとりを見ている余裕がありません。そのため、何か問題があったとしても、気づくのが遅れることもあるでしょう。

また、先ほど見た教員不足の調査結果中の、「講師の質を評価して選んでいられる状況ではない」こともその理由の一つでしょう。適性がないであろうと思われる先生は、当然、児童・生徒、保護者からは尊敬されません。

この適性には、学歴も含まれます（もちろん、高くない学歴を持った人が先生になってはいけない、ということではありません）。先生よりも保護者のほうが学歴が上、ということは、今はふつうにありますし、かつてもありました。

しかし、現在とかつての違いは、明確です。かつては、**「先生を尊敬している」児童・生徒や保護者を「演じていた」ため成立**していましたが、**現在は、「演じなくなった」**ため、先生へのあたりも強くなっています。

繰り返しますが、高い学歴の人だけが先生への適性がある、ということではありません。問題は、学力不足の教員が増えたことです。ですから、たとえ高い学歴であったとしても、児童、生徒に適切な教科指導ができなければ、問題は同じです。

モンスターペアレントにどう向き合えばいいか？

教員をやっている友人から、個人的に聞いた話です。

校長が保護者対応の方法を決めたことで、モンスターペアレントの問題が減少したそうです。

その対応方法は、原則、勤務時間内しか対応しない、勤務時間以外は校長か管理職が対応する、教員と管理職の2名で対応する、などです。

このように、モンスターペアレントを含む保護者への対応策を**マニュアル化し、共有する機会を作る**必要があります。逆に言うと、先生個人で対応してはいけない、ということです。モンスターペアレントの問題は、学校全体の問題だからです。ですから、複数の先生で対応することがポイントです。

また、会話は、録音して残すことも必要でしょう。

こうした取り組みによって少しずつ問題を小さくしていく必要があるのです。

④

〈地域と学校の連携〉地域で子どもを育てよう

地域でできることがある

学校は**地域**との結びつきを強めています。

退職した大企業の経営者を呼んで、話をしてもらったり、地域のお年寄りに昔の遊びを教えてもらったりするなどの取り組みをしている学校もあります。

あくまで僕個人の意見ですが、道徳規範を児童・生徒に教える場所は、学校か？家庭か？　の二者択一ではなく、地域全体が担うべきだと思っています。

なぜなら、学校、家庭、地域、それぞれ担う役割に違いがあるからです。**学校、家庭では担うことが難しくても、地域なら可能**、ということもあります。

たとえば長崎市の平和学習。

長崎に原爆が投下された8月9日は登校日として定められ、平和集会などが開かれています。

また、体験者の話を聞く機会を設けるなど、若い世代へ体験を語り継いでいます。

このような取り組みにより、**平和の大切さを地域単位で伝えている**のです。

平和という、ともするとつかみにくい理念は、家庭で子どもに教えることはなかなか難しいものです。このような地域ぐるみの活動が生きてくると言えるでしょう。

元外資系ビジネスパーソンの生きた英語

具体的な教科指導を、**地域**で行っている学校もあります。

たとえば英語です。海外勤務経験が豊富な、元外資系ビジネスパーソンだった地域のおじいさんが行う英語の授業です。単に英語が話せるだけでなく、英語で交渉をしてきた経験が豊富です。超実用的な英語が学べます。現役時代の海外での失敗談なども交えながらの授業はとても興味深いです。**社会を、世界を知っている人から英語を教わる。**とても貴重な経験となるでしょう。

家庭科では、地域の経験豊富なご婦人から、ミシンの使い方を教わります。なんでもミシンでつくってきたご婦人の技術は、もはやプロの領域です。

現在は、ミシンがない家庭もあります。というか、ない家のほうが多いかもしれません。初めて使う子も多いでしょう。ですから、**ミシンの上手な使い方はもちろん、事故防止という役割**も担ってもらえます。

このように、地域の人と子どもが触れ合う機会をつくることにより、子どもにとって貴重な学びの機会になります。加えて、高齢者も自分の経験を社会に還元できる、つまり、自らが社会に貢献しているという意識を持つことができるでしょう。**参加するすべての人にとってプラスになる**のが、**地域と学校の連携**なのです。

また、**不登校**の子の学びを支える、**教育格差**を埋めるサポートになる可能性も含んでいます。長期的な視点で見れば、その地域全体の暮らしやすさにつながっていくはずです。

●小学校を地域のハブに

地域と密接に結びついているのは、小学校です。地方であれば、中学生になると、都市部であれば、私学へ進学する子も多いからです。つまり、小学校よりも遠いところにある中学に通うことになる子が増えます。つまり、**小学校は、地域により近い教育機関**なのです。

そして小学生の親同士は情報交換が必要ですから、仲良くなりやすい。地域のサッカーチームや野球チームは、地域の大人がコーチや監督になって運営していることも多いでしょう。

小学校をハブとして、地域再生を行うことができるかもしれません。

第六章に登場したキーワードのまとめ

教育格差

教育格差が如実に現れるのが大学進学。受験をするにも、大学の授業料にも大きな金額がかかる。この解消のためには、大学の無料化がまずあげられる。また、自治体や企業が無料塾の支援をする、オンラインの学習機会の提供も案の一つ。

指導力不足の教員

かつて教員は、人気の職業だった。競争率も高くよい人材の宝庫であった。しかし現在は、教員になりたい人がいないため、適性のない人が教員になっている可能性が否定できない。

教員不足

教員不足解消には、「ブラック」と称される職場の改善が必要。「先生になりたい」と思う人を増やすために何ができるか、考えなければならない。採用人数を増やす、部活動を地域に任せる、非常勤講師を増やす、教員免許の制限緩和などの改革が必要。

モンスターペアレント（モンペ）

勤務時間しか対応しない、対応には管理職が同席するなど対応をマニュアル化し共有することが必要。教員個人に委ねるのではなく、学校全体で取り組む姿勢が問題を小さくする。

地域と学校の連携

学校と家庭の二択ではなく、そこに地域という選択肢を加えて考える。英語、プログラミング、道徳、総合的な学習の時間など、学校では教員の負担が大幅に増えている。地域の人々の力をうまく借りることができれば、負担減につながる可能性がある。

教育に関するさまざまな問題は、教員と生徒だけでなく、国、自治体、地域など、あらゆる面での解決が求められます

関連キーワード解説

無料塾

経済的に厳しい家庭の子どものために開かれている塾。ボランティアの講師などで運営されている。

臨時免許

大学などを卒業して取得する普通免許ではなく、欠員を補うための都道府県の教育委員会による検定によって得られる臨時の免許。この臨時免許で、国語の先生が歴史を教えたり、音楽の先生が英語を教えたりという事態が引き起こされて問題となっている。

部活動

文部科学省は教員の負担軽減のために、指導者の地域への移行を進めるとしている。休日の部活動の指導から着手し、徐々に平日の部活動も地域における指導員に任せる方向。適切な指導者を確保できるかは、まだ不透明。

おわりに

正直に言います。今回の執筆は困難を極めました。

というのも、人文科学の分野は範囲が広すぎるのです。そもそも昔の文学部は、なんでも学べる一つの大学のような存在と言われていたんですよ。

長い人類の知の歴史、現在の世界中のさまざまな知識や思想、そういった無限とも言える知について、一冊の本で書き切るのはとうてい無理な話なのです。

それでも、ある程度の分量にまとめるために、今回は現代社会で問題となっているテーマに絞りました。小論文入試でよく出題されるテーマを選んだのは当然です。

もちろん、本書で扱っているテーマで、人文系の小論文テーマのすべてをカバーすることはできません。しかし、本書で扱っているテーマの考え方を学ぶことで、本書に載っていないテーマを考える際にとても役立つと思っています。

つまり、本書を読んで学んだ経験は、みなさんが、今後ある知らない情報に出会ったときに役立つということです。どういうふうに考えればいいかということを身につけてもらえたら、と思っています。

また、「はじめに」でも書きましたが、常識を疑う批判的な態度を、本書から学んでいただければ幸いです。現代社会では、さまざまなメディアから、多様かつ大量な情報が入ります。しかしその情報も、何も考えずに眺めていたのでは意味がありません。「本当はどうなんだろうか」「なぜそうなっているのだろうか」という「疑う」目を持って考えてみましょう。そして、自分なりに調べましょう。みなさんにはスマートフォンという強力な武器があるではないですか。

このような経験を繰り返しましょう。そうすれば、人文系の小論文の問題は怖いものではなくなるはずです。

みなさんの身の回りにも、さまざまな問題が存在しています。気がつかないだけなのです。その問題に目を向け、考えてみましょう。みなさんの世界はきっと面白いものに変わるはずです。本書の目的は、みなさんの小論文の実力が上がることです。その目的の達成に加えて、みなさんの世界観が変わり、面白がってくれるようになることも、強く願っています。

最後に、本書を執筆するにあたって協力してくださった、いや、これまでの出版でも、おおいにお世話になっている、かんき出版の荒上和人様、フリーランスライターの黒坂真由子様、深く御礼いたします。

では、読者のみなさん、また別の本でもお会いしましょう。

参考資料

平田オリザ『わかりあえないことから　コミュニケーション能力とは何か』（講談社）
田中克彦『ことばと国家』（岩波書店）
小熊英二『日本社会のしくみ　雇用・教育・福祉の歴史社会学』（講談社）
青木保『異文化理解』（岩波書店）
上野千鶴子『ナショナリズムとジェンダー　新版』（岩波書店）
長友淳編『グローバル化時代の文化・社会を学ぶ　文化人類学／社会学の新しい基礎教養』（世界思想社）
本田由紀編『教育は何を評価してきたのか』（岩波書店）
荻上チキ『いじめを生む教室　子どもを守るために知っておきたいデータと知識』（ＰＨＰ研究所）
小泉令三、西山久子、納富恵子、脇田哲郎『校内研究の新しいかたち　エビデンスにもとづいた教育課題解決のために』（北大路書房）
乙武洋匡『五体不満足』（講談社）

【内閣府ホームページ「令和２年版高齢社会白書」（全体版）】
https://www8.cao.go.jp/kourei/whitepaper/w-2020/zenbun/02pdf_index.html
【内閣府男女共同参画局ホームページ「ジェンダー・ギャップ指数（ＧＧＩ）２０２２年」】
https://www.gender.go.jp/research/weekly_data/01.html
【一般社団法人　日本スローフード協会ホームページ】
https://slowfood-nippon.jp/

【一般社団法人　日本経済団体連合会ホームページ「２０１８年度 新卒採用に関するアンケート調査結果」】
http://www.keidanren.or.jp/policy/2018/110.html?v=p

【W3Techs ホームページ「Usage statistics of content languages for websites」】
https://w3techs.com/technologies/overview/content_language

【青空文庫ホームページ「福澤諭吉　福翁自伝」】
https://www.aozora.gr.jp/cards/000296/files/1864_61590.html

【内閣府ＮＰＯホームページ】
https://www.npo-homepage.go.jp/about/toukei-info/ninshou-bunyabetsu

【国土交通省ホームページ「平成29年度 国土交通白書」】
https://www.mlit.go.jp/hakusyo/mlit/h29/hakusho/h30/html/n1111000.html

【独立行政法人　日本学生支援機構ホームページ「令和２年度 学生生活調査結果」】
https://www.jasso.go.jp/statistics/gakusei_chosa/__icsFiles/afieldfile/2022/03/16/data20_all.pdf

【総務省統計局ホームページ「日本の統計２０２３」】
https://www.stat.go.jp/data/nihon/02.html

【総務省ホームページ「衆議院議員総選挙における年代別投票率の推移」】
https://www.soumu.go.jp/senkyo/senkyo_s/news/sonota/nendaibetu/

【東北大学スマート・エイジング・カレッジホームページ「若年世代の投票率、１%低下で年７・８万円の損？　吉田浩教授が試算」】
https://www.sairct.idac.tohoku.ac.jp/lecturer/media/8594/#more-8594

【トヨタ自動車株式会社ホームページ「トヨタ自動車75年史」 or「従業員数の推移」】
https://www.toyota.co.jp/jpn/company/history/75years/data/company_information/personnel/employee/index.html

【明石市ホームページ】
https://city-akashi-kosodate.jp/soshiki/shiengakari/3301.html

https://www.city.akashi.lg.jp/shise/koho/kohoakashi/2022/documents/20221115_p2-3.pdf
http://www.city.akashi.lg.jp/shise/koho/citysales/kosodate/index.html
【国土交通省ホームページ「平成24年度 国土交通白書」】
https://www.mlit.go.jp/hakusyo/mlit/h24/hakusho/h25/html/n1111000.html
【全国大学生活協同組合連合会ホームページ「第58回学生生活実態調査 概要報告」】
https://www.univcoop.or.jp/press/life/report.html
【NGO法人 ワールド・ビジョン・ジャパンホームページ「相対的貧困とは? 絶対的貧困との違いや相対的貧困率について学ぼう」】
https://www.worldvision.jp/children/poverty_18.html
【公益社団法人チャンス・フォー・チルドレンホームページ「子どもの貧困と教育格差」】
https://cfc.or.jp/problem/
【国立社会保障・人口問題研究所ホームページ「人口統計資料集２０２２年版」】
https://www.ipss.go.jp/syoushika/tohkei/Popular/P_Detail2022.asp?fname=T04-01.htm
【内閣府ホームページ「人口動態統計」】
https://www8.cao.go.jp/shoushi/shoushika/meeting/kokufuku/k_1/pdf/ref1.pdf
【国税庁ホームページ「民間給与実態統計調査」（令和3年分）】
https://www.nta.go.jp/publication/statistics/kokuzeicho/minkan2021/pdf/002.pdf
【財務省ホームページ「令和４年度の国民負担率を公表します」】
https://www.mof.go.jp/policy/budget/topics/futanritsu/20220217.html
【厚生労働省ホームページ「地域別最低賃金の全国一覧」】
https://www.mhlw.go.jp/stf/seisakunitsuite/bunya/koyou_roudou/roudoukijun/minimumichiran/
【The World Bank ホームページ「世界の貧困に関するデータ」】
https://www.worldbank.org/ja/news/feature/2014/01/08/open-data-poverty

【公益財団法人　プラン・インターナショナル・ジャパンホームページ「孤立し生きづらさを抱えている女の子たちに寄り添う支援」】
https://www.plan-international.jp/press/release/2023/0131.html

【認定ＮＰＯ法人　自立生活サポートセンター・もやいホームページ「もやいとは?」】
https://www.npomoyai.or.jp/aboutmoyai

【内閣府男女共同参画局ホームページ「共同参画」２０２２年8月号】
https://www.gender.go.jp/public/kyodosankaku/2022/202208/pdf/202208.pdf

【内閣府男女共同参画局ホームページ「夫婦の姓（名字・氏）に関するデータ」】
https://www.gender.go.jp/research/fufusei/index.html

【認定ＮＰＯ法人　ReBit ホームページ】
https://rebitlgbt.org/

【認定ＮＰＯ法人　ReBit ホームページ「ＬＧＢＴＱ子ども・若者調査２０２２」】
https://prtimes.jp/main/html/rd/p/000000031.000047512.html

【公益社団法人　日本産科婦人科学会ホームページ「母体血を用いた出生前遺伝学的検査に関する指針」】
https://www.jsog.or.jp/news/pdf/NIPT_kaiteishishin.pdf

【厚生労働省ホームページ「ＮＩＰＴ受検者のアンケート調査の結果について」】
https://www.mhlw.go.jp/content/11908000/000754902.pdf

【京都大学医学部附属病院遺伝子診療部ホームページ】
http://cac.med.kyoto-u.ac.jp/clinical_genetics_unit/inform/index.html

【国際平和拠点ひろしまホームページ「コラム：広島カープ——市民の球団、復興の道標」】
https://hiroshimaforpeace.com/fukkoheiwakenkyu/vol1/1-48/

【公益財団法人　国際人材協力機構ホームページ「外国人技能実習制度とは」】
https://www.jitco.or.jp/ja/regulation/

【経済産業省ホームページ「ⅢＡ　ライフサイクルアセスメント」】
https://www.meti.go.jp/policy/recycle/main/3r_policy/policy/pdf/text_2_3_a.pdf
【コムスタカ――外国人と共に生きる会ホームページ「ベトナム人元技能実習生リンさん死体遺棄事件最高裁判決について」】
http://www.kumustaka.org/TITP/2023.3_2_TITP.html
【出入国在留管理庁ホームページ「外国人技能実習制度について」】
https://www.moj.go.jp/isa/content/930005177.pdf
【外国人技能実習機構ホームページ】
https://www.otit.go.jp/
【東京弁護士会ホームページ「外国にルーツをもつ人に対する職務質問（レイシャルプロファイリング）に関するアンケート調査最終報告書（２０２１年度）」】
https://www.toben.or.jp/know/iinkai/foreigner/26a6af6c6f033511cccf887e39fb794e_2.pdf
【出入国在留管理庁ホームページ「令和４年６月末現在における在留外国人数について」】
https://www.moj.go.jp/isa/publications/press/13_00028.html
【出入国在留管理庁ホームページ「令和４年６月末現在における在留外国人数について」】
https://www.moj.go.jp/isa/publications/press/13_00033.html
【ＵＮＦＰＡホームページ「世界人口白書２０２２」】
https://tokyo.unfpa.org/ja/SWOP2022#4
【横浜市ホームページ「推計人口・世帯数」】
https://www.city.yokohama.lg.jp/city-info/yokohamashi/tokei-chosa/portal/jinko/maitsuki/saishin-news.html
【大阪市ホームページ「推計人口・人口異同」】
https://www.city.osaka.lg.jp/toshikeikaku/page/0000541634.html
【国土交通省ホームページ「国際協力」】
https://www.mlit.go.jp/sogoseisaku/kotsu/oda/index.html

【外務省ホームページ「フィリピン共和国（Republic of the Philippines）基礎データ」】
https://qr.paps.jp/8VMfy
【外務省ホームページ「バナナの生産量の多い国」】
https://www.mofa.go.jp/mofaj/kids/ranking/banana.html
【ユニセフホームページ「ユニセフ・ソマリア事務所の國井修医師からの報告　ソマリアの首都モガディシュの下痢症（２０１１年８月18日）」】
https://www.unicef.or.jp/kinkyu/somalia/2011_0818.htm
【全国小水力利用推進協議会ホームページ】
https://j-water.org/about/index.html
【ＰＥＴボトルリサイクル推進協議会ホームページ「ＰＥＴボトルのリサイクルによるCO_2排出量の削減効果算定」】
https://www.petbottle-rec.gr.jp/more/reduction_co2.html
【文部科学省国立教育政策研究所ホームページ「ＯＥＣＤ生徒の学習到達度調査（ＰＩＳＡ）」】
https://www.nier.go.jp/kokusai/pisa/pdf/2018/03_result.pdf
https://www.nier.go.jp/kokusai/pisa/pdf/2018/01_point.pdf
【文部科学省ホームページ「不登校の現状に関する認識」】
https://www.mext.go.jp/a_menu/shotou/futoukou/03070701/002.pdf
【文部科学省国立教育政策研究所ホームページ「授業時数の変遷」】
https://www.nier.go.jp/kiso/sisitu/siryou1/2-02.pdf
【文部科学省ホームページ「移行期間中の小学校の標準授業時数について」】
https://www.mext.go.jp/component/a_menu/education/micro_detail/__icsFiles/afieldfile/2011/03/30/1234773_004.pdf
【厚生労働省ホームページ「平成23年版労働経済の分析　第２章」】
https://www.mhlw.go.jp/wp/hakusyo/roudou/11/dl/02-1.pdf

【文部科学省ホームページ「令和３年度学校基本調査（確定値）の公表について」】
https://www.mext.go.jp/content/20211222-mxt_chousa01-000019664-1.pdf
【文部科学省ホームページ「小学校学習指導要領　第２章第３節（平成元年３月）」】
https://www.mext.go.jp/a_menu/shotou/old-cs/1322329.htm
【文部科学省ホームページ「令和４年度国公私立大学・短期大学入学者選抜実施状況の概要」】
https://www.mext.go.jp/b_menu/houdou/2020/1414952_00004.htm
【衆議院ホームページ「学級崩壊の早期対応に関する質問に対する答弁書」】
https://www.shugiin.go.jp/internet/itdb_shitsumon.nsf/html/shitsumon/b208015.htm
【文部科学省ホームページ「学習指導要領「生きる力」」】
https://www.mext.go.jp/a_menu/shotou/new-cs/youryou/chu/gai.htm
【文部科学省ホームページ「学習指導要領（平成29年告示）」】
https://www.mext.go.jp/content/20230120-mxt_kyoiku02-100002604_01.pdf
https://www.mext.go.jp/content/1413522_002.pdf
【文部科学省ホームページ「学習指導要領（平成30年告示）」】
https://www.mext.go.jp/content/20230120-mxt_kyoiku02-100002604_03.pdf
【厚生労働省ホームページ「感染症法上の位置づけ変更後の療養に関するＱ＆Ａ」】
https://www.mhlw.go.jp/content/001087453.pdf
【文部科学省ホームページ「高校生等への修学支援」】
https://www.mext.go.jp/a_menu/shotou/mushouka/index.htm
【文部科学省ホームページ「児童生徒の問題行動・不登校等生徒指導上の諸課題に関する調査結果について」（令和３年度）】
https://www.mext.go.jp/content/20221021-mxt_jidou02-100002753_1.pdf
【メガホンホームページ「教師不足解消に向けた実態調査（２０２２年度夏休み明けver.）」】
https://megaphone.school-voice-pj.org/2022/11/post-2185/

政府開発援助(ODA)……179
石油危機(オイルショック)……86,116
セクハラ……234
絶対的貧困……105
戦争……174,176
選択的夫婦別姓……121
早期英語教育……218,219,221,222
総合型選抜(旧AO入試)……201
相対的貧困……105,238

た行

体外受精……119,131,134,148
大学入試改革……35
ダウン症……137,138
多文化主義(マルチ・カルチュラリズム)……29,119,140,146,148
団塊ジュニア……93,94
団塊の世代……93,94
探究的な学習(「総合的な探求」の時間)……223
地域(社会)……25,35,252,253,254
地域と学校の連携……237,254,257
超高齢社会……25
朝鮮戦争……86
通信制の高校……215,217
トランスジェンダー……126

な行

ナショナリズム……152,156,157,158,160,189
日本学術会議……209,234
日本教職員組合(日教組)……208
日本社会論……85
日本人論……24,26,80

は行

バブル景気……87,116
バブル崩壊……87
パワハラ……234
貧困……174
貧困率……192
部活動……259
不登校……35,196,214,215,231,254
文化相対主義……29,119,141,143,146,148,183
紛争……174
ベビーブーム……93,94
母語……63,76
母国語……67,76
ボランティア……241
翻訳……65

ま行

民族主義……158
村社会……81,116
無料塾……259
モンスターペアレント(モンペ)……35,237,249,251,257

や行

優生思想……119,134,148
ゆとり教育……35,194,198,200,230
ゆとり世代……234

ら行

ライフサイクルアセスメント……155,186,190
臨時免許……259
レイシャルプロファイリング……167,192

わ行

若者論……23

アルファベット

G7……150
ICT(教育)……35,197,225,232
LGBTQ……28,118,125,127,128,148
(国際)NGO……106
NPO(法人)……79,109,114,241
PISA……35,194,200,230
SDGs(持続可能な開発目標)……33,153,184,185,186,190
SNS(ソーシャル ネットワーキング サービス)……41,56,60,74,205

さくいん

あ行

アイデンティティ…40,42,44,46,47,73,88
アイヌ文化…140
アクティブ・ラーニング(Active Learning)…35,197,223,224,232
いじめ…35,203,204,206
いじめ防止対策推進法…195,206,231
一億総中流…101
遺伝子診断…119,131,134,135,148
異文化理解…26,27
移民…26,32,96,166
移民排斥運動…166
Xジェンダー…126
縁起…76
オンデマンド方式…227,228,229
オンライン(授業)…225,226,227,242

か行

外国人…28
外国人技能実習制度…152,189
外国人労働者…32
開発援助…153,190
格差社会…24,25,79,114
学力低下…35
学級崩壊…35,195,210,211,212,231
学校推薦型選抜(旧推薦入試)…201
環境ファシズム…188
飢餓…174,182
技能実習生…32,162,164
教育格差…25,35,236,240,241,254,256
教員不足…237,244,257
共助…26,108,109,110,111
空気を読む…81
グローバリゼーション…31,152,156,157,160,189
経済格差…25,236,240
言語…41,74
公害問題…86,116
公助…26,108,109,110
高度経済成長(期)…86,101
公用語…62,76
高齢化社会…25,92
高齢社会…25
国際化…152,156,189
国民負担率…102
個性…84
戸籍(制度)…32
コミュニケーション(能力)…23,40,50,52,53,73

さ行

里山…112
ジェンダー(差別)…28,107,118,120,121,130,147
ジェンダーギャップ(指数)…28,118,123,147
仕送り…103
自助…26,108,110
持続可能な社会…33
指導力不足(の)教員(の問題)…35,236,244,256
18歳選挙権…78,113
出生前診断…135,136,138
障害…28,131,132
奨学金…90
小学校の英語教育…35,196,232
少子化…26,97
少子高齢化…93,94,98
少子高齢社会…78,113
食料自給率…192
新型出生前診断(NIPT)…137
人権…32,162
ステレオタイプ…145,150
生活保護…79,109,114
性自認(ジェンダー・アイデンティティ)…126,150
性的指向…150
性的マイノリティ…125,127,128,129

【著者紹介】

中塚　光之介（なかつか・こうのすけ）

◉——河合塾講師。大正大学専任講師。大阪府出身。

◉——早稲田大学卒業後の1993年から河合塾にて添削指導を行う（人文教育系、社会科学系、医系など）。2000年からは、すいどーばた美術学院で芸術系小論文、2001年からは、新宿セミナーで看護系小論文の指導を行う。

◉——2003年から河合塾小論文科講師となり、医系小論文、文系小論文、帰国生入試小論文を担当する。医系テキスト、全系統テキスト、全統論文模試、全統医進模試プロジェクトチームにも参加。

◉——また、AO・推薦対策全般（提出書類、面接など）の指導も行う。担当する小論文対策講座はいつも満席状態。夏期、冬期講習は、申込み開始後、即締切となるほどの圧倒的な人気を誇る。

◉——著書に、『採点者の心をつかむ　合格する小論文』『採点者の心をつかむ　合格する看護・医療系の小論文』『採点者の心をつかむ　合格する志望理由書』『採点者の心をつかむ　合格する小論文のネタ［医歯薬／看護・医療編］』『採点者の心をつかむ　合格する小論文のネタ［社会科学編］』（いずれも、かんき出版）がある。

採点者《さいてんしゃ》の心《こころ》をつかむ
合格《ごうかく》する小論文《しょうろんぶん》のネタ［人文《じんぶん》・教育編《きょういくへん》］

2023年7月20日　　第1刷発行

著　者——中塚　光之介
発行者——齊藤　龍男
発行所——株式会社かんき出版
東京都千代田区麹町4-1-4 西脇ビル　〒102-0083
電話　営業部：03(3262)8011㈹　編集部：03(3262)8012㈹
FAX　03(3234)4421　　振替　00100-2-62304
https://kanki-pub.co.jp/

印刷所——シナノ書籍印刷株式会社

ISBN978-4-7612-3098-2 C7030